Bonnes pratiques pour les bibliothèques de théologie desservant les écoles doctorales

ICETE

Global Hub for Evangelical Theological Education

Langham

GLOBAL LIBRARY

Ce précieux manuel est bien structuré et présente seize principes importants pour servir les doctorants. Sur la base de mes expériences de bibliothécaire en chef, de coordinateur de recherche et de président de nombreuses associations et organes consultatifs, je pense que les principes méritent une formulation encore plus forte ! J'aimerais particulièrement souligner deux des principes contenus dans l'ouvrage :

Principe n°1 : un programme de doctorat conçu sans tenir compte de ce que la bibliothèque et son personnel peuvent offrir est voué à l'échec.

Principe n°4 : réseautage, réseautage, réseautage ! Si même Harvard n'est pas en mesure d'acheter tout le matériel nécessaire à ses chercheurs, alors une bibliothèque de théologie des pays du Sud ne pourra jamais s'en sortir sans l'aide de ses confrères locaux et étrangers.

La prise en compte de ces principes permettra à une institution de formation d'économiser beaucoup d'argent et de frustrations.

Geert Harmany
Président des Bibliothèques Européennes de Théologie
Bibliothécaire en chef et coordinateur de recherche,
Université de Kampen, Pays-Bas

Ayant participé dès le début au comité de pilotage de l'initiative doctorale de l'ICETE, je peux confirmer que ces bonnes pratiques pour les bibliothèques de théologie desservant les programmes doctoraux constituent une contribution unique et utile aux écoles de théologie. Cet ouvrage fait intervenir diverses personnes liées aux programmes de doctorat, qu'elles soient au début de leur parcours ou déjà établies. Nous reconnaissons qu'une bibliothèque est un élément clé de la réussite des programmes doctoraux, mais l'équipement des bibliothèques exige beaucoup de temps et d'efforts, sans parler des ressources financières et de l'expertise du personnel. Le projet et la préparation de cet ouvrage visent deux objectifs apparemment asynchrones : créer des bibliothèques de qualité *et* abordables pour les écoles de théologie des pays du Sud. Ce livre regorge d'exemples et de suggestions pratiques et adaptables formulés par des professionnels spécialisés. Il fournit également des directives étape par étape que toute école peut facilement suivre pour créer ou améliorer sa bibliothèque, afin de bien répondre aux besoins de son programme doctoral.

Jung-Sook Lee
Vice-PDG d'Asia Theological Association
Professeur d'histoire de l'Église et ancien président,
Torch Trinity Graduate University, Séoul, Corée du Sud

Les défis à relever pour dispenser un enseignement théologique de qualité dans les pays du Sud, au niveau du doctorat, sont bien connus. Un doctorat est par définition un diplôme de recherche. La recherche nécessite à la fois des collections gérées par des professionnels et une assistance professionnelle à la recherche. Les coûts pour répondre à ces exigences dans les pays du Sud peuvent sembler prohibitifs.

Cet ouvrage important et qui arrive à point nommé reconnaît les défis professionnels, économiques et administratifs auxquels sont confrontés les enseignants théologiques dans les nations sous pression, mais il choisit de se concentrer sur les solutions plutôt que sur les problèmes. Ce volume créatif et perspicace fournit des conseils sophistiqués, nuancés et réalistes aux administrateurs, bibliothécaires et autres intervenants qui tentent de répondre aux besoins en information des étudiants diplômés et des universitaires des pays du Sud.

Rédigé par des professionnels observateurs et réfléchis, cet ouvrage est un guide précieux pour ceux qui formeront la prochaine génération de pasteurs, de chercheurs et de théologiens.

Thomas E. Phillips
Directeur de la Digital Theological Library,
Open Access Digital Theological Library,
Global Digital Theological Library

Ce livre exhaustif présentant des principes pour les bibliothèques de théologie répond au besoin de lignes directrices pour l'évaluation, la planification et la mise en œuvre de bonnes pratiques, afin que les bibliothèques de théologie puissent mieux soutenir les écoles doctorales et leurs étudiants, en particulier dans les pays du Sud. Il met en évidence l'interaction organique et fondamentale entre la bibliothèque et le programme d'études dans les programmes doctoraux, et souligne les aspects administratifs importants qui ne doivent pas être négligés pour que la bibliothèque puisse répondre aux besoins de recherche des étudiants et du corps enseignant. Les études de cas de bibliothèques en Afrique, en Asie et en Europe illustrent l'importance des principes partagés dans le livre.

Cet ouvrage est indispensable pour les bibliothécaires, les administrateurs et les responsables de l'accréditation dans les écoles de théologie des pays du Sud.

Elisabeth Sendek
Ancienne présidente,
Seminario Bíblico de Colombia, Medellín, Colombie

La recherche théologique, surtout au niveau du doctorat, ne peut jamais se suffire à elle-même. Dans tout projet théologique, nous entrons dans une conversation qui a commencé bien avant nous par des représentants de différentes époques, traditions de foi, écoles de théologie et dénominations. Lorsque les doctorants franchissent le seuil de la bibliothèque, et avant de prétendre dire quelque chose d'important, ils doivent se plonger dans une infinité de livres, de thèses et d'articles, écouter humblement ce que d'autres ont dit auparavant, et, avec les conseils de leur directeur de thèse et du bibliothécaire, trouver leur place à la table des débats universitaires. Je remercie de tout cœur les auteurs de ce livre qui nous le rappellent avec tant de talent, de diversité et de générosité.

Roman Soloviy
Directeur du Eastern European Institute of Theology
(en partenariat avec EAAA)
Consultant pour le Board of the Euro-Asian Accrediting Association

Ce livre est une contribution essentielle pour toute école des pays du Sud. Son importance réside dans le postulat sur lequel repose l'ensemble du livre, à savoir que la bibliothèque joue un rôle indispensable dans tout programme, mais surtout dans les programmes doctoraux. Il démystifie la notion selon laquelle la tâche de la bibliothèque consiste à « stocker des livres » en créant une vision holistique d'un système de bibliothèque qui fonctionne comme la pierre angulaire de l'école doctorale et de l'institution. Ce que je trouve fascinant dans cet ouvrage, c'est qu'il dépeint la bibliothèque comme faisant partie de la culture de recherche de l'institution, en particulier lorsqu'un programme de doctorat est en place. La bibliothèque, selon les directives de ce livre, est le principal pilier sur lequel repose en toute sécurité l'ensemble de la structure universitaire.

Walid Zailaa
Directeur académique et bibliothécaire en chef,
Arab Baptist Theological Seminary, Beyrouth, Liban
Membre de la Middle East and North Africa Association for Theological
Education (MENATE)

Bonnes pratiques pour les bibliothèques de théologie desservant les écoles doctorales

Sous la direction de
Katharina Penner

Traduit de l'anglais par Joëlle Giappesi

Directeurs de collection
Riad Kassis
Michael A. Ortiz

icete

Global Hub for Evangelical Theological Education

Langham
GLOBAL LIBRARY

Publié en 2023 par Langham Global Library,
Une marque de Langham Publishing
www.langhampublishing.org

Les éditions Langham Publishing sont un ministère de Langham Partnership.

Langham Partnership
PO Box 296, Carlisle, Cumbria, CA3 9WZ, UK
www.langham.org

Numéros ISBN :
978-1-83973-831-9 Format papier
978-1-83973-898-2 Format ePub
978-1-83973-899-9 Format PDF

Traduit de l'anglais par Joëlle Giappesi. Les citations qui figurent dans ce livre et sont tirées d'ouvrages en anglais ont toutes été traduites par la traductrice.

Édition originale publiée en langue anglaise sous le titre : *Best Practice Guidelines for Theological Libraries Serving Doctoral Programs*, coll. ICETE, Carlisle, Langham Global Library, 2021.

British Library Cataloguing in Publication Data
A catalogue record for this book is available from the British Library

ISBN : 978-1-83973-831-9

Mise en pages et couverture : projectluz.com

Préface

Toute personne impliquée dans la formation théologique reconnaît que certains facteurs nécessitent en permanence que les institutions se remettent en question et examinent leurs trajectoires futures. Ces facteurs peuvent survenir sous diverses formes : économie difficile, défis technologiques, troubles sociaux, évolution de la demande des étudiants, pour n'en citer que quelques-unes. C'est pourquoi les responsables d'institutions de formation théologique cherchent souvent des moyens de mieux ancrer leurs offres éducatives dans l'intérêt de leurs étudiants et de leurs membres. Cela s'applique certainement à tous les secteurs de la formation théologique, y compris l'école doctorale et la bibliothèque.

Cet ouvrage est une ressource opportune et appropriée qui aidera les bibliothèques à devenir des contributeurs essentiels au succès continu des programmes doctoraux. Des éléments continuent certainement à poser des problèmes aux responsables d'institutions de formation théologique, mais cette ressource offre des perspectives globales significatives, des conseils, des exemples et des aspects pratiques pour développer des bibliothèques de qualité. En particulier au niveau du doctorat, les responsables d'institutions théologiques doivent veiller à ce que des ressources considérables et pertinentes soient mises à la disposition des étudiants pour qu'ils puissent progresser et atteindre leurs objectifs éducatifs.

Grâce à la collaboration de huit auteurs, qui ont tous travaillé avec des doctorants dans les pays du Sud, les directives de cet ouvrage fournissent les éléments essentiels pour que de telles bibliothèques fassent partie intégrante des programmes doctoraux. Les auteurs ont également développé cette ressource de manière à non seulement stimuler les bibliothèques de théologie existantes, mais aussi à aider ceux qui aspirent à développer de nouveaux programmes de doctorat. Afin d'inciter les bibliothèques de théologie à maximiser leur efficacité à long terme, les auteurs se concentrent sur cinq domaines fondamentaux qui intègrent seize principes directeurs dans la première partie de l'ouvrage.

Malheureusement, les bibliothèques sont souvent considérées de moindre importance lors de la planification des programmes de doctorat. Le premier domaine abordé dans ce livre souligne la nécessité de ne pas juste faire appel aux bibliothécaires pour s'occuper des collections, mais aussi de doter l'école d'un solide plan de développement des bibliothèques. Au travers de réflexions pratiques, notamment pour les contextes des pays du Sud, les auteurs apportent une aide indispensable à l'élaboration d'un tel plan. Dans le cadre de cette planification, la plupart des écoles reconnaîtront qu'aucune bibliothèque ne peut offrir à ses étudiants toutes les ressources imaginables. Conscients de cette réalité, les auteurs se tournent vers un deuxième domaine important lorsqu'on considère les bibliothèques de théologie, à savoir les partenariats et la collaboration, qui sont des moyens essentiels pour maximiser la capacité des ressources d'une bibliothèque. Dans ce deuxième domaine, les auteurs proposent des moyens concrets pour explorer ces relations et des outils pour enrichir une bibliothèque de théologie.

Une fois qu'une institution dispose d'un ensemble de ressources, le développement de cette collection et sa gestion sont importants pour le succès continu de tout programme de doctorat. Dans le troisième domaine, les auteurs apportent un discernement judicieux, notamment en ce qui concerne le lien entre les collections de la bibliothèque et le programme d'études, les politiques en vigueur, la prise en compte des besoins uniques des doctorants dans leur contexte et l'accessibilité pratique aux ressources disponibles.

Le quatrième domaine traite spécifiquement du rôle du personnel des bibliothèques. Les auteurs ne considèrent certainement pas que le personnel des bibliothèques ne fait que fournir un soutien collatéral aux programmes de doctorat, mais plutôt qu'il contribue de manière intégrale à renforcer le succès de ces programmes. À ce titre, ce livre encourage ses lecteurs à réfléchir de manière critique aux contributions potentielles du personnel de bibliothèque qualifié, en créant une culture qui est effectivement orientée vers les étudiants, et en se concentrant sur le développement et le soutien professionnels.

Le dernier domaine porte sur la maîtrise de l'information par les doctorants. Les auteurs présentent de bons arguments pour reconnaître que les doctorants n'ont pas tous eu des expériences éducatives préalables en recherche et la formation requise pour exceller au niveau du doctorat. Dans cette optique, ce cinquième domaine fournit des mesures pratiques essentielles à inclure dans un programme d'études, ainsi que des moyens d'encourager les étudiants de manière continue. À juste titre, les auteurs insistent sur le fait que la participation des professeurs est nécessaire et suggèrent des moyens d'instaurer une culture de la recherche au sein des institutions.

Après avoir émis de nombreuses recommandations fondées sur les cinq domaines susmentionnés, les auteurs présentent divers récits tirés de leurs contextes, relations et expériences dans le monde. Ce faisant, le lecteur bénéficie non seulement des directives pratiques déjà présentées, mais aussi, dans la deuxième partie du livre, d'une illustration de bon nombre de ces directives par le biais de scénarios réels inspirés d'études de cas de bibliothèques de théologie. Non seulement les auteurs suggèrent des lignes directrices, mais ils ont aussi la crédibilité nécessaire pour le faire sur la base de leur propre expérience dans le domaine.

Comme nous l'avons mentionné plus haut, les programmes de formation théologique sont régulièrement remis en question et ceux qui les dirigent sont constamment à la recherche de moyens pour créer une stabilité au sein des diverses composantes de leurs programmes. Les directives de ce livre offrent aux responsables institutionnels une sagesse incommensurable à travers des expériences internationales permettant de créer des bibliothèques de théologie durables, pertinentes et collaboratives qui enrichiront les programmes de doctorat. À mesure que vous lirez les pages de ce livre, il ne fait aucun doute que le Seigneur les utilisera pour vous aider à développer vos bibliothèques de théologie, ce qui, nous en sommes convaincus, aboutira à une plus grande qualité de la formation théologique au niveau doctoral pour la gloire de Dieu et le bien de son peuple.

Michael A. Ortiz
Directeur international de l'ICETE

Introduction

Ce livre est le fruit d'une collaboration entre bibliothécaires et professeurs de différents continents. Nous travaillons tous au service des doctorants des écoles de théologie des pays du Sud et connaissons parfaitement les joies et les défis que représente l'accompagnement de ces étudiants dans leur parcours de recherche. Au cours de nombreuses discussions, synchrones et asynchrones, nous avons partagé des idées et mis en commun nos expériences contextuelles uniques. Ces échanges nous ont permis de façonner et de formuler des recommandations pour de bonnes pratiques dans les bibliothèques de théologie.

Même si nous écrivons en tant que bibliothécaires, nous espérons que les questions soulevées concernent également d'autres intervenants dans les écoles de théologie. Nous sommes motivés par notre cause commune – servir Dieu et les peuples par une formation théologique de qualité – et nous espérons mettre en lumière des aspects de la bibliothèque qui pourraient autrement être négligés. Nous croyons fermement que les bibliothèques et les bibliothécaires sont des intervenants indispensables à l'apprentissage des étudiants et qu'ils doivent être des partenaires essentiels dans les débats sur la recherche[1].

Cet ouvrage vise à sensibiliser et à stimuler la discussion sur la valeur des bibliothèques et leur contribution au succès des programmes de doctorat dans les écoles de théologie liées à l'ICETE (Conseil international pour l'éducation théologique évangélique). En cela, il vise plusieurs publics.

Si vous êtes un administrateur, vous trouverez un aperçu des :

- enjeux liés aux bibliothèques qui doivent être envisagés et préparés avant le début d'un programme de doctorat ;
- aspects à prendre en compte dans le développement d'un personnel de bibliothèque efficace (rôles, attitudes, formation professionnelle) ;

---

1. Une bonne bibliothèque peut contribuer à la bonne réputation de l'établissement en manifestant les valeurs académiques et les pratiques de recherche de l'établissement et peut même servir à attirer des étudiants ayant des compétences et un potentiel académiques pour poursuivre leur qualification de doctorat dans l'établissement ; voir « The Value of Libraries for Research and Researchers », un rapport de RIN et RLUK, mars 2011, https://www.rluk.ac.uk/wp-content/uploads/2014/02/Value-of-Libraries-report.pdf, consulté le 7 mai 2021.

- idées sur le développement de ressources pour soutenir un programme de recherche (ressources imprimées, électroniques, coopératives) ;
- activités et ressources que les bibliothèques devraient fournir pour le soutien continu des doctorants.

Si vous êtes un agent d'accréditation chargé de l'évaluation d'un programme de doctorat, vous trouverez :

- un aperçu des domaines et des aspects liés aux bibliothèques et qui doivent faire partie de la procédure d'examen et d'évaluation lors d'une visite d'accréditation ;
- des éléments de ce qui constitue la qualité dans les bibliothèques de théologie, tels qu'exprimés par l'expérience cumulée et les meilleures pratiques (réalistes) des bibliothécaires théologiques de différents continents ;
- des repères généraux concernant le fonds documentaire, le personnel, la coopération, la recherche et la formation à la maîtrise de l'information ;
- des idées et des recommandations à suggérer à l'institution évaluée pour guider le développement et l'évaluation de sa bibliothèque.

Si vous êtes un bibliothécaire des pays du Sud, dont l'institution de formation théologique dispose déjà d'un programme de doctorat ou envisage de le mettre en place, vous trouverez tout ce qui précède, ainsi que :

- des noms de bibliothécaires qui servent dans des circonstances similaires et des moyens d'entrer en contact avec eux ;
- des domaines et des aspects auxquels il convient de réfléchir dans le cadre des études d'auto-évaluation et dans la conception d'un plan de développement des bibliothèques ;
- des aspects à prendre en compte dans la planification du développement professionnel pour vous-même et pour vos collègues.

Ce livre identifie cinq domaines d'intervention qui requièrent l'attention des écoles de théologie dans les pays du Sud, afin d'optimiser le fonctionnement des bibliothèques pour servir les programmes doctoraux. Plusieurs principes dans chacun des cinq domaines critiques traitent des aspects des meilleures pratiques pour les bibliothèques de théologie et servent de directives de qualité. Les domaines ont été rédigés chacun par un auteur différent, puis discutés et mis en forme lors de conversations en équipe, ce qui a permis de formuler des principes. Un lecteur attentif remarquera des différences dans le style et les points avancés, ainsi que des répétitions entre les différents auteurs. Si les différences sont naturelles dans une œuvre aussi composite, les répétitions sont voulues et soulignent à quel point chacun des domaines est totalement interdépendant des autres. Enfin, l'annexe 1 résume les besoins en information et les comportements de recherche des doctorants tels qu'observés et documentés dans la littérature, et qui nous ont guidés dans nos recommandations. L'annexe 2 met en exergue la nécessité de coopérer tous ensemble dans notre univers interconnecté.

Nous avons également inclus notre expérience. Les bibliothécaires de quatre écoles de théologie, qui ont participé aux discussions, ont fait part du processus de développement de leur bibliothèque lors de la transition vers le service de programmes doctoraux. Nous avons essayé d'être aussi authentiques et sincères que possible et de ne pas succomber au piège culturel qui consiste à cacher les problèmes derrière une belle façade. Comme ces histoires proviennent de différents continents et contextes, nous espérons que d'autres écoles de théologie des pays du Sud pourront en tirer des leçons pour elles-mêmes lors du lancement d'un programme de doctorat ou lors de l'évaluation d'un programme déjà en place.

L'ouvrage s'appuie sur diverses sources (sans toujours les citer explicitement), notamment les « standards de Beyrouth[2] » pour les programmes de doctorat, les normes des agences d'accréditation (organisations membres de l'ICETE) et les documents de diverses bibliothèques. Une liste de lectures complémentaires est fournie à la fin de l'ouvrage.

Le contexte des bibliothèques de théologie évolue rapidement, tout comme il existe en même temps des distinctions contextuelles particulières. Nous avons tenté d'élaborer des directives de bonnes pratiques en nous appuyant sur les contributions de différents continents, mais celles-ci doivent être adaptées à la situation de chaque bibliothèque et programme local. La mise en œuvre de chaque programme peut être différente. Néanmoins, chaque bibliothèque de théologie doit contribuer à l'objectif global d'une formation et d'une recherche théologiques de qualité d'une manière qui puisse être vérifiée. Telle est la mission de la bibliothèque et son impact pour le royaume de Dieu.

---

2. Les « standards de Beyrouth » peuvent être consultés sur : https://www.icete-edu. org/pdf/BeirutBenchmarks_French.pdf.

Partie I

Principes pour une bonne pratique en bibliothèque

Domaine 1 : intégration de la bibliothèque dans la planification d'un programme doctoral

Il va certainement sans dire que la bibliothèque joue un rôle indispensable dans tout programme de doctorat. D'une part, la formation doctorale est, par nature, un effort d'apprentissage autonome. On attend des étudiants qu'ils fassent preuve d'initiative et qu'ils s'engagent dans un apprentissage individuel par le biais d'une recherche érudite, afin de réaliser une thèse doctorale. D'autre part, l'établissement d'accueil (qu'il s'agisse d'une université, d'un séminaire ou d'une autre institution) est tenu de fournir aux étudiants le soutien général nécessaire, notamment un bibliothécaire[1] bien formé et des espaces d'étude adéquats, accessibles et adaptés à un programme doctoral. La bibliothèque est l'endroit vers lequel les doctorants se tourneront naturellement pour recueillir des informations et des ressources pour leurs recherches.

Principe #1 : la bibliothèque participe activement à la préparation du programme doctoral

Il arrive que les institutions des pays du Sud perçoivent la bibliothèque universitaire comme un simple « gardien » de livres et de ressources numériques qui joue le rôle limité de fournir du contenu pour soutenir l'enseignement dispensé

---

1. Note de l'éditeur : par souci de place et de lisibilité, nous choisissons de garder la forme masculine du mot « bibliothécaire », mais nous tenons à souligner ici que tout ce qui suit s'applique aussi bien au personnel féminin que masculin des bibliothèques.

par les professeurs. Malheureusement, de nombreuses institutions ne considèrent pas la formation professionnelle des bibliothécaires comme essentielle et ne lui accordent donc pas de place dans leur budget. On ne saurait trop insister sur le fait que le rôle limité de gardien d'un fonds documentaire est insuffisant si une bibliothèque universitaire dessert un programme de doctorat.

a) **Planifier les changements au sein de la bibliothèque :** dans la mesure où les besoins en information des doctorants diffèrent de ceux des étudiants de premier cycle, non seulement en termes de quantité, mais aussi de qualité, la bibliothèque devrait faire partie du processus de planification dès le début du programme doctoral. Cela permettra de garantir qu'elle dispose de suffisamment de ressources, d'équipements et de services avant le début du programme. La bibliothèque doit adopter une approche proactive et ouverte sur l'extérieur pour collaborer pleinement et étroitement avec les autres départements de l'institution dès la phase de planification et tout au long du développement et de la mise en œuvre d'un programme doctoral par l'institution[2]. Dès le départ, la personne responsable de la bibliothèque sera (ou devrait être) associée aux réflexions sur les domaines d'études et le nombre de programmes offerts au niveau du doctorat, sur le nombre d'étudiants inscrits, sur leurs besoins particuliers et leurs points forts, ainsi que sur le budget à allouer aux ressources et aux espaces d'étude. Cette attention est particulièrement pertinente pour les contextes des pays du Sud, où de nombreux doctorants – en raison des contraintes de leurs conditions de vie et de leurs familles – auront besoin d'un espace d'étude dédié dans la bibliothèque, afin de pouvoir mener leurs recherches et leurs études sans interruption.

b) **Créer un plan de développement pour la bibliothèque :** un plan cohérent de développement de la bibliothèque devra être pris en compte avant le lancement d'un programme doctoral. Cela implique que la bibliothèque dispose d'un personnel, d'équipements et de fonds suffisants pour soutenir les objectifs pédagogiques et les résultats d'apprentissage du nouveau programme[3]. Ce même rôle fondamental se reflétera également dans le budget institutionnel, que ce soit en termes de formation du personnel, d'expansion du fonds documentaire de recherche, des locaux, des outils technologiques et de recherche supplémentaire ou de tout autre besoin. Le bibliothécaire doit être pleinement informé et participer à la concertation avec le directeur et le corps professoral du programme doctoral concerné, afin d'élaborer des plans décrivant les préparatifs

---

2. La nécessité de l'implication de la bibliothèque dans la mise en œuvre du programme sera abordée tout au long de ce document.

3. Cf. ICETE, « Standards and Guidelines for Global Evangelical Theological Education ».

nécessaires. Cela garantira que l'école de théologie et la bibliothèque fourniront aux étudiants les ressources, les installations et le soutien les plus pertinents et les plus utiles. Une évaluation des ressources existantes de la bibliothèque, des besoins des doctorants, des services disponibles et nécessaires, et des options de flux de travail efficaces doit précéder et guider le plan de développement de la bibliothèque. La bibliothèque rendra compte de ses activités lors des réunions des départements concernés, afin de coordonner les efforts et de faire connaître aux membres de l'administration du programme doctoral son niveau de préparation, ses besoins et ses enjeux, ainsi que sa disponibilité et son adéquation pour les nouveaux doctorants.

c)   **Prendre l'initiative :** dans certains cas, le corps enseignant et le directeur du programme de doctorat n'impliquent pas le bibliothécaire dans la préparation et la mise en œuvre du programme doctoral. Toutefois, cela ne devrait pas empêcher le bibliothécaire de faire preuve d'initiative pour expliquer aux autres comment le personnel de la bibliothèque peut être utile et pour démontrer ses compétences particulières et sa créativité, afin de répondre aux besoins d'information des étudiants et de soutenir leurs projets de thèse. En particulier dans les institutions des pays du Sud où la pénurie de professeurs est courante, une bibliothèque bien préparée peut créer de nouvelles opportunités et démontrer sa valeur pour améliorer le programme en apportant ses compétences uniques en matière d'information, afin de soutenir la recherche des étudiants de concert avec le corps enseignant et ses départements.

Principe #2 : la bibliothèque donne la priorité aux besoins particuliers des doctorants et affecte du personnel au programme doctoral

Chaque parcours doctoral est unique – tant au niveau des sujets de recherche que des processus –, et c'est pourquoi, outre l'expansion des collections, les services de la bibliothèque destinés aux doctorants devraient également être personnalisés. Les besoins particuliers des doctorants peuvent être caractérisés comme suit : une connaissance de la littérature et des méthodologies de recherche dans leur domaine, du temps et des ressources adéquates une formation à la recherche et à la technologie, et des partenaires de dialogue et de discussion[4]. Trois aspects importants permettent de répondre à ces besoins.

---

4. L'annexe 1 décrit plus en détail les besoins en information et les habitudes des doctorants.

a) **Le compagnon :** l'érudition et la recherche ont souvent été qualifiées de conversation, et les bibliothécaires, ainsi que les professeurs, doivent faire partie des conversations auxquelles participent les doctorants. Accompagner chaque doctorant dans ses recherches et répondre à ses besoins d'information spécifiques et uniques nécessite beaucoup de temps et de travail. Ces relations impliquent souvent des entretiens individuels, afin d'examiner les habitudes et les stratégies de recherche d'un étudiant et de le conseiller, le cas échéant, sur les améliorations à apporter. Le bibliothécaire travaille en étroite collaboration avec le directeur du programme doctoral (ou directeur de recherche) et participe aux activités d'orientation des doctorants au début du programme. En tant que personne de référence pour les doctorants et les directeurs de thèse[5], ces responsables de bibliothèque jouent le rôle de « bibliothécaires des doctorants » (ou tout autre titre que l'établissement attribue à cette personne). Ses responsabilités ne se limitent pas au développement et à la gestion des collections ; en fait, le bibliothécaire établit des relations avec les étudiants et diffuse activement les ressources académiques disponibles, les services d'information, les bases de données, les outils de recherche et les mises à jour des publications. Un bibliothécaire bien formé abordera des sujets particulièrement pertinents pour les études doctorales, tels que la rédaction universitaire, et il contribuera à la création de réseaux de contacts entre étudiants pour le partage d'informations et d'idées. Le bibliothécaire favorise également le dialogue et les échanges universitaires entre les étudiants et les chercheurs. Il doit être ouvert à l'idée de concevoir, de manière régulière et créative, de nouveaux moyens pour interagir et soutenir la recherche d'un étudiant, que ce soit par le biais de conseils, de réponses à des questions, d'encouragements, de démonstrations personnelles ou de formation innovante.

b) **Le guide :** l'apparition rapide de nouveaux documents de recherche et des progrès technologiques et, par conséquent, les changements dans les pratiques et les procédures de recherche courantes sont déroutants pour les étudiants qui reprennent des études de doctorat après une interruption de leurs études. Le bibliothécaire facilite de manière stratégique l'utilisation des nouvelles technologies par les étudiants en organisant des sessions de formation et des ateliers. Il s'agit généralement d'une formation pratique et individualisée qui prend du temps et qui est dispensée au moment où le besoin s'en fait sentir. Étant donné qu'une grande partie du travail des études doctorales se fait dans des délais très serrés, le bibliothécaire doit aider les étudiants (et les directeurs

---

5. Pour plus de précisions sur les rôles et les fonctions du personnel des bibliothèques, voir le domaine 4.

de thèse) à devenir compétents en matière de technologie de recherche et d'accès aux ressources. Le bibliothécaire devrait donc continuellement se former et se perfectionner sur le plan professionnel, et devrait se tenir informé des nouvelles ressources et des nouvelles techniques de recherche, afin de fournir aux étudiants des conseils fiables sur les derniers développements. En raison de la rareté des ressources, les bibliothécaires développent des moyens créatifs pour aider les étudiants à trouver ces éléments essentiels à leur travail.

c) **Le bibliothécaire doctoral :** les écoles de théologie des pays du Sud n'auront pas toutes la possibilité d'embaucher du personnel de bibliothèque supplémentaire lors de la planification du lancement d'un programme de doctorat. Cependant, cela devrait sans aucun doute être l'une des priorités lors de l'élaboration du budget du programme. Il est parfois possible de confier à un bibliothécaire déjà en poste la responsabilité de fournir des services aux doctorants et de l'aider à se perfectionner pour répondre aux besoins particuliers du nouveau programme. Cette personne est nommée au cours de la phase de planification du programme de doctorat, afin qu'une approche stratégique concernant le soutien global de la bibliothèque aux doctorants et à leurs directeurs de thèse puisse être établie par les responsables de l'université et de la bibliothèque après concertation mutuelle.

Les services d'un bibliothécaire spécialisé augmenteront les chances de succès d'un programme doctoral. Ce bibliothécaire spécialisé sera disponible en présentiel ou en ligne pour guider les étudiants à travers la matrice des diverses ressources, des outils de recherche et des technologies disponibles à la bibliothèque et sur Internet. Cette personne aura de préférence reçu une formation professionnelle, que ce soit par le biais d'une formation initiale au métier ou d'un apprentissage sur le terrain, et aura une bonne compréhension des besoins en matière de recherche ainsi que des défis et des incertitudes que l'on rencontre généralement chez les doctorants.

Domaine 2 : partenariats et coopération

L'excellence de la formation doctorale dépend dans une large mesure de la qualité et de l'efficacité des services de la bibliothèque et de la disponibilité de ressources universitaires pertinentes. Cependant, aucune bibliothèque de théologie, et encore moins celles des écoles théologiques des pays du Sud, ne peut prétendre être suffisamment équipée pour répondre à tous les besoins de recherche spécialisée des doctorants et des membres du corps enseignant. Elles ne peuvent pas fonctionner de manière isolée. C'est pourquoi les bibliothèques dépendent non seulement d'une collaboration stratégique et fiable au sein de l'institution, mais aussi de partenariats à l'extérieur de l'institution. Comme nous l'avons mentionné plus haut, les bibliothèques collaborent avec le corps enseignant, les directeurs de thèse et les administrateurs de programmes au sein de l'établissement pour un bénéfice mutuel. Elles établissent aussi activement des partenariats avec d'autres bibliothèques universitaires et théologiques locales et internationales. Si, à l'ère numérique actuelle, les besoins en information des étudiants chercheurs sont plus complexes, plus dynamiques et en constante évolution, les possibilités de coopération ont également progressé.

Principe #3 : la bibliothèque collabore avec le corps enseignant dans des domaines liés à la recherche

Les membres du corps enseignant jouent un rôle essentiel dans le développement des bibliothèques pour les services doctoraux. La contribution des professeurs qui ont une connaissance approfondie de leur domaine peut permettre à la bibliothèque d'améliorer la qualité des acquisitions, de développer les compétences en matière de recherche et d'améliorer les services de la bibliothèque grâce à leurs recommandations. Les domaines suivants offrent un potentiel prometteur à la bibliothèque pour développer des partenariats avec le corps enseignant.

a) **Développement du programme d'études :** comme expliqué dans les principes du domaine 1, un bibliothécaire devrait faire partie de l'équipe de développement du programme d'études et rester informé de toutes les décisions concernant ce dernier. Cet engagement permet au bibliothécaire d'évaluer la pertinence et la suffisance des ressources existantes pour soutenir le programme d'études et améliorer les collections en réponse aux nouvelles initiatives et aux programmes à venir. Les bibliothécaires apportent des connaissances supplémentaires sur la disponibilité et l'accessibilité des ressources, préparent des estimations pour un financement adéquat et font des suggestions pour améliorer constamment les services.

b) **Développement des collections :** les membres du corps enseignant ne sont pas seulement des consommateurs d'informations, mais aussi des créateurs d'informations et des réseauteurs. Les connaissances et le soutien des professeurs aident la bibliothèque à développer des ressources de recherche utiles et pertinentes. En particulier, les programmes doctoraux auront besoin d'une contribution spécifique de la part du corps professoral quant aux ressources imprimées et électroniques adéquates liées à ce programme d'études supplémentaire. Le directeur et les professeurs de chaque département, ainsi que le directeur de recherche (ou directeur de thèse), sont responsables de l'évaluation régulière des ressources documentaires disponibles dans leur département, de la formulation de recommandations pour de nouvelles acquisitions et du retrait des ressources dont la valeur a diminué.

c) **Développement des compétences en matière de recherche** (formation des utilisateurs et maîtrise de l'information) : plus les doctorants se sentent à l'aise dans leurs compétences de recherche documentaire, plus ils seront efficaces dans l'utilisation des ressources et des services de la bibliothèque. La formation des usagers de la bibliothèque doit être conçue en consultation et en collaboration avec les directeurs de thèse et les professeurs impliqués dans le programme de doctorat. Ce type de collaboration permanente permettra de tirer parti des connaissances et des compétences du corps enseignant, qui, de son côté, montrera aux étudiants que la bibliothèque est leur alliée. Les enseignants sont d'excellentes agences de marketing pour les services et les collections des bibliothèques. Au cours de sessions de formation et d'ateliers, les professeurs peuvent donner leur avis sur la qualité des ressources documentaires de chaque département, suggérer des méthodes de recherche et d'utilisation efficaces du fonds documentaire, et guider les doctorants vers des ressources spécifiques à un sujet au-delà de la bibliothèque locale. En concertation avec le corps enseignant, des sessions de formation spécialisées peuvent être créées pour chaque département et chaque cours. Ces efforts de collaboration sont bénéfiques à la fois pour le bibliothécaire et pour les enseignants[6].

d) **Coordination des visites de recherche :** les directeurs de thèse et les membres du corps professoral sont des spécialistes de leur sujet qui peuvent fournir des conseils pour organiser des visites de recherche des doctorants dans d'autres bibliothèques, qui peuvent être mieux équipées dans un domaine de recherche spécifique. Grâce à leurs réseaux, les professeurs sont également en mesure de mettre les étudiants en contact avec des spécialistes externes sur leur sujet. De même, les bibliothécaires sont souvent membres de différents réseaux et peuvent tirer parti de leurs relations personnelles et professionnelles avec leurs pairs dans d'autres institutions. Un effort conjoint des bibliothécaires et des professeurs pour planifier et organiser la visite d'un doctorant à la bibliothèque

---

6. Pour en savoir plus, voir le principe #15.

d'un autre établissement contribuera grandement à l'efficacité et au succès de ses recherches.

Principe #4 : la bibliothèque collabore avec d'autres bibliothèques locales et internationales

a) **Prêt entre bibliothèques (PEB)** : aucune bibliothèque n'est entièrement financée ou dotée de ressources pour les études doctorales spécialisées. Dans le contexte des pays du Sud, les bibliothèques de théologie sont confrontées au défi de répondre aux besoins en recherche-information de leur public dans un contexte de faibles budgets. Afin de surmonter la pénurie de ressources de recherche et de gérer au mieux les ressources financières disponibles, les bibliothèques de théologie qui accueillent des doctorants doivent collaborer avec d'autres bibliothèques par le biais de réseaux, de prêts entre bibliothèques (PEB) et autres accords de partage des ressources.

Certains modèles existants méritent d'être imités. Une bibliothèque de théologie peut unir ses efforts à ceux d'autres bibliothèques de théologie de la région pour former un réseau de coopération. Le Joint Library Committee (JLC) de Bangalore, en Inde[7], est un modèle de collaboration qui a plus de trente ans, et, parmi les bibliothèques de théologie, c'est l'un des plus réussis dans les pays du Sud. Actuellement, dix-huit bibliothèques de théologie de Bangalore sont membres du JLC. Les usagers affiliés aux bibliothèques membres peuvent emprunter des livres et des articles de revues dans d'autres bibliothèques du groupe. Le JLC dispose d'un catalogue collectif comprenant plus de 200 000 références bibliographiques. Les étudiants et les professeurs peuvent emprunter des livres, des revues et des thèses par le biais du PEB pour une période déterminée.

Un accord de PEB avec des bibliothèques d'État, universitaires ou autres, permet aux bibliothèques d'investir leurs fonds de manière judicieuse et de bénéficier de l'emprunt (plutôt que de l'achat) de publications coûteuses. Les bibliothèques de théologie peuvent se concentrer sur le développement de leurs collections de base et obtenir des ressources rarement demandées auprès d'autres bibliothèques. Des directives de PEB clairement établies entre bibliothèques, la prise en compte des restrictions légales et l'allocation des fonds nécessaires dans le budget pour payer les services de PEB favorisent la pérennité de ces réseaux. Les bibliothèques qui empruntent sont entièrement responsables du retour des

---

7. http://jlcbangalore.in.

livres en bonne condition et acceptent de payer les frais de remplacement en cas de perte ou de dommage.

b) **La fourniture de documents** : Internet a révolutionné la façon dont l'information est acquise et diffusée. Le partage des ressources devient plus facile dans la mesure où les bibliothèques sont connectées à Internet. Des accords de fourniture de documents peuvent être conclus avec des bibliothèques de théologie internationales pour l'acquisition de chapitres de livres et d'articles de revues. L'administration de l'établissement, le directeur du programme de doctorat, un membre du corps enseignant ou un directeur de thèse peuvent être amenés à établir le premier contact entre les pays du Sud et la bibliothèque internationale pour négocier un accord.

Les bibliothèques membres de ces réseaux de fourniture de documents adoptent diverses solutions des technologies de l'information et des communications (TIC) pour partager des articles, des chapitres de livres et d'autres documents au sein de leur réseau. Une bonne connexion Internet et un scanner sont essentiels (des applications pour téléphones portables peuvent aussi être utilisées). En outre, une adresse électronique attitrée permettra de suivre les demandes des utilisateurs et les réponses apportées. Il est recommandé aux usagers de ne pas s'adresser directement aux autres bibliothèques pour satisfaire leurs demandes, mais de toujours passer par un bibliothécaire. Une note personnalisée accompagnée d'une copie scannée de l'article sera ensuite envoyée par courriel à la bibliothèque et enfin au doctorant.

Lorsqu'il partage des documents protégés par des droits d'auteur, le bibliothécaire doit s'assurer que les droits de propriété et de licence sont respectés et qu'aucune infraction n'est commise. Ce point est important dans les contextes internationaux, car les restrictions en matière de droits d'auteur varient d'un pays à l'autre. Il est toujours conseillé d'ajouter une page de déclaration de droits d'auteur à la fin de chaque copie numérisée d'un article ou d'un chapitre, afin d'avertir les utilisateurs que les documents sont destinés à un usage personnel et éducatif uniquement. Chaque bibliothèque membre devra orienter ses usagers sur les questions de droit d'auteur et veiller à ce que les documents protégés par droit d'auteur ne soient pas partagés ou publiés sans discernement sur des sites publics.

Domaine 3 : développement et gestion des collections

Une bibliothèque n'est pas seulement un entrepôt de livres. Selon le diction-naire Larousse, une bibliothèque est un « local ou édifice destiné à recevoir une collection de livres ou documents qui peuvent être empruntés ou consultés sur place ». Dans ce domaine 3, nous sommes concernés par les deux aspects de la définition d'une bibliothèque : (1) l'utilisation et l'accessibilité des livres, et (2) la nature des collections et la meilleure façon de les gérer. Ces deux questions seront abordées en fonction de plusieurs principes qui expliquent comment servir au mieux les doctorants à travers les collections de la bibliothèque et leur utilisation.

Principe #5 : les collections de la bibliothèque sont au service du programme d'études, y compris du programme doctoral

Les collections de la bibliothèque existent pour soutenir directement le pro-gramme d'études d'une école théologique ; le programme de doctorat ne fait pas exception. Ainsi, une école de théologie ne peut lancer un programme doctoral sans avoir préparé un fonds documentaire approprié pour la recherche. Même s'il existe des accords de coopération avec d'autres bibliothèques pour le PEB ou la fourniture de documents, une école ne peut pas compter uniquement sur ces fonds pour couvrir les besoins en information du nouveau programme. En tant que ressources pédagogiques, les collections doivent être adaptées et spé-cifiques aux cours enseignés et aux sujets de recherche. Les nouveaux cours ou programmes nécessiteront donc un investissement financier substantiel dans la bibliothèque pour amener au niveau requis les domaines spécifiques définis par les nouveaux programmes. Les changements de programme sans investir dans les ressources de la bibliothèque nuisent au programme de cours ainsi qu'à la qualité du soutien à l'apprentissage offert par la bibliothèque. Le programme d'études et la bibliothèque doivent former un tout. Une politique de dévelop-pement bien conçue pour le fonds documentaire permettra de clarifier ce point pour la direction de l'école.

Principe #6 : le développement et la gestion des collections sont régis par une politique documentaire

a) **Justification :** toute bibliothèque devrait avoir une politique documen-taire rédigée par le personnel de la bibliothèque et discutée et approuvée par les professeurs et la direction de l'école théologique. Ce document, qui rend le fonds de la bibliothèque plus visible pour le corps enseignant et permet à la direction de l'école de comprendre le fonctionnement de la bibliothèque, recouvre la politique d'acquisition. Il fournit un argumentaire sur les besoins (financiers) de la bibliothèque dans le contexte du programme d'études. L'existence de ce document fera de la bibliothèque un interlocuteur dans les discussions sur la planification et la mise en œuvre d'un programme doctoral dans l'établissement.

b)   **Contenu de la politique** : il est conseillé de mettre en place une politique documentaire conformément aux lignes directrices élaborées à cette fin par l'International Federation of Library Associations (IFLA), disponibles en ligne en anglais, français, italien, russe, espagnol et arabe[8]. Le document explique les subtilités de la rédaction d'une politique de développement des collections et met en lumière la nature d'une collection de bibliothèque.

La politique devrait comprendre un énoncé de la mission de la bibliothèque, le public visé, une description du ou des programmes d'études de l'institution, une description des collections actuelles, et la manière dont le budget d'acquisition de la bibliothèque permettra d'accueillir et de renforcer les différents types de ressources. En outre, il devrait y avoir un plan pour le développement des collections : quels types de ressources, dans quelles langues, dans quel format, les limitations dans les sujets, les disciplines spéciales ou les domaines à privilégier. La politique de développement des collections comprend également une section sur la manière de traiter les dons (politique de dons) et décrit le processus et les critères d'évaluation des documents à éliminer (politique de désherbage). Elle devrait aussi indiquer une période propice de réexamen et éventuellement de révision de la politique documentaire. Le document de l'IFLA contient également divers outils de mesure permettant de définir la portée actuelle de la collection.

Principe #7 : la politique documentaire met l'accent sur les acquisitions destinées au programme doctoral

Une politique documentaire ou de développement des collections identifie les domaines d'intérêt de la bibliothèque de théologie locale. Il est essentiel qu'une partie de cette politique soit consacrée aux besoins des doctorants. Ils auront besoin de ressources différentes de celles des étudiants de premier et deuxième cycles (par exemple, des manuels sur les méthodologies de recherche

---

8. Voir IFLA, « Grandes lignes directrices d'une politique de développement des collections à partir du modèle conspectus », https://repository.ifla.org/bitstream/123456789/53/1/gcdp-fr.pdf. Pour consulter le document en d'autres langues : https://www.ifla.org/resources/?oPubId=1157.

et des monographies). Ces besoins doivent être soulignés et définis dans la politique de développement des collections et donneront lieu à des dispositions financières pour des acquisitions spéciales liées aux programmes doctoraux. La documentaire peut être communiquée aux donateurs potentiels, afin de les inclure dans le développement de fonds documentaires adéquats.

Il est bon de réserver un certain pourcentage du budget d'acquisition pour les demandes d'achat des doctorants. Bien entendu, il n'est pas possible de tout acquérir. Cependant, en achetant les livres nécessaires aux étudiants en recherche doctorale, la bibliothèque recueille des informations sur les besoins répétitifs, les nouvelles parutions ou les parutions importantes dans des domaines de recherche spécifiques, et les titres non disponibles par PEB. Le fait de disposer de fonds réservés à ces besoins précis facilite la vie des doctorants et des directeurs de thèse. Par exemple, le montant consacré aux acquisitions pour les doctorants pourrait être un certain pourcentage du budget ou un montant fixe qui correspondrait aux coûts d'un (ou plusieurs) ouvrage(s) par doctorant et par an.

Principe #8 : la bibliothèque donne accès à des ressources imprimées et électroniques

a) **Équilibrer les ressources imprimées et électroniques** : la politique de développement des collections énoncera l'approche de la bibliothèque en matière d'acquisition et de traitement des ressources imprimées et électroniques. Le modèle standard de bibliothèque d'avoir une vaste collection de ressources imprimées et des ressources électroniques limitées demeure aujourd'hui d'actualité. Cela crée des problèmes pour de nombreuses écoles de théologie du Sud qui tentent de proposer des programmes de doctorat. S'il est impératif de développer une importante collection d'ouvrages incontournables, l'accès à des ressources électroniques pertinentes sera vital pendant les études doctorales. Il convient donc d'explorer les moyens d'accéder aux ressources électroniques. Comme les étudiants chercheurs étudient souvent à distance, la collection physique a souvent une valeur limitée pour eux. Par conséquent, ils préfèrent une facilité d'accès à distance à des ressources électroniques en texte intégral.

b) **Problèmes d'accès :** les bibliothèques des pays du Sud sont confrontées à des situations différentes en ce qui concerne l'infrastructure technologique et l'accès aux ressources électroniques. Certains contextes ne disposent pas d'une électricité fiable ou d'un débit Internet suffisant. Une école et une bibliothèque de théologie devront trouver des solutions créatives : un accès fiable et continu à l'électricité, une bonne connexion Wi-Fi, des possibilités de photocopie et de numérisation, des ordinateurs (même si la tendance va indéniablement vers l'utilisation de téléphones portables et de tablettes pour l'accès), et des clés USB avec des ressources (dans le cadre des réglementations existantes en matière de droits d'auteur).

c) **Achat de collections électroniques ou création de ses propres collections électroniques :** dans la plupart des cas, il sera financièrement et juridiquement impossible pour une école du Sud de créer une collection électronique qui lui soit propre et qui soit suffisante pour les études doctorales. Une collection électronique limitée (créée dans le cadre des réglementations existantes en matière de droits d'auteur) pourrait toutefois être réalisable. Pour garantir une utilisation durable et efficace, la création d'une telle collection doit être bien planifiée et mise en œuvre à l'aide des plus récentes technologies.

Il existe plusieurs collections de livres et de revues électroniques disponibles à l'achat ou sous licence, mais elles sont assez coûteuses. Si une bibliothèque décide d'acheter des ressources électroniques, elle peut donner la priorité à l'investissement dans des livres électroniques pertinents, en espérant que l'accès aux articles de journaux sera possible grâce aux accords de PEB et de fourniture de documents.

d) **Coopération avec des initiatives existantes :** lorsque des ressources financières sont disponibles, il est judicieux de rechercher des initiatives de coopération avec des institutions partageant les mêmes idées, afin de créer une bibliothèque en ligne conjointe. Le Theological Libraries Ebook Lending Project[9] en est un excellent exemple. Une autre possibilité est la Digital Theological Library[10], avec son option très abordable pour les écoles de théologie des pays du Sud relevant de la Global Digital Theological Library[11]. Ces options peuvent également servir de modèle à ce qui pourrait être mis en place dans un contexte plus spécifique.

Cependant, il existe d'autres options pour fournir un accès électronique aux ressources. Le manque de financement ne devrait pas être un obstacle insurmontable :

1) Ressources en libre accès : les étudiants sont encouragés à créer un compte sur la bibliothèque théologique numérique en libre accès

---

9. ATLA's E-book Lending Program: https://www.theologicalbooks.org/opac/#index.
10. DTL : http://www.digitaltheologicallibrary.org.
11. Global Digital Theological Library : https://globaldtl.org.

(Open Access Digital Theological Resources[12]). Cette ressource est parrainée par un groupe international d'écoles de théologie et est mise gratuitement à la disposition des étudiants en théologie dans le monde entier. À l'heure où nous écrivons ces lignes, elle comprend déjà plus de 200 000 e-books. L'édition en libre accès étant appelée à se développer davantage, l'OADTL continuera à cataloguer de nouveaux contenus de grande qualité. D'autres ressources sont également disponibles, comme le Directory of Open Access Journals[13]. Il existe de nombreuses autres collections en libre accès disponibles en ligne. Le site des bibliothèques de la Duke University en propose une particulièrement utile[14]. Il existe également diverses collections de thèses en libre accès[15]. La bibliothèque pourrait créer une page web, ou avoir une page dans le système de gestion de l'apprentissage de l'école (Moodle, Blackboard, etc.) pour lister les liens vers toutes ces ressources.

2) Contacts internationaux : le bibliothécaire doit avoir de bonnes relations de travail avec les bibliothécaires d'institutions apparentées, éventuellement internationales, disposant d'un accès électronique fiable. Cela permettra de faciliter les PEB (formels et informels) et les livraisons de documents. La plupart des bibliothèques sont disposées et aptes à fournir des scans d'articles ou de chapitres de livres aux doctorants. La bibliothèque devrait envisager toutes les options pouvant permettre aux doctorants de participer au débat universitaire mondial.

3) Visites de recherche dans d'autres bibliothèques : bien avant de mettre en place un programme de doctorat, il est utile d'identifier les collections de recherche de qualité situées dans le voisinage pour y avoir recours en cas de besoin et encourager les doctorants à passer du temps dans ces bibliothèques. Les étudiants peuvent également être amenés à passer des semaines à l'étranger dans une institution partageant les mêmes idées et disposant de vastes collections imprimées et électroniques. Il sera peut-être possible de collaborer avec les responsables de l'école d'accueil ou les partenaires financiers pour

---

12. OADTL : https://oadtl.org.
13. DOAJ : https://doaj.org.
14. Duke University Libraries : https://guides.library.duke.edu/openreligion/.
15. http://www.opendissertations.org ; http://www.oatd.org ; et http://www.dart-europe.eu.

mettre en place une bourse pour le voyage et l'hébergement dans ces bibliothèques de recherche.

Principe #9 : la bibliothèque favorise l'accessibilité et le partage grâce à un système de classification reconnu et à un catalogue en ligne

Une pièce remplie de livres n'est utile que s'il existe un moyen de trouver le volume dont on a besoin. C'est pourquoi il est essentiel d'utiliser un système de classification reconnu au niveau international. Un certain nombre de pays ont mis en place un système de classification national (ou régional). Si ce n'est pas le cas, ou si la classification nationale est jugée inadéquate pour une raison quelconque, il existe deux options internationales largement acceptées : la classification de la Library of Congress (LC) et la classification décimale de Dewey (CDD). Une aide à la classification (principalement pour les ressources en langue anglaise) est facilement disponible sur le site Classify[16]. L'utilisation d'un système de classification communément reconnu permet à la bibliothèque de gagner du temps de catalogage en téléchargeant des notices bibliographiques et prépare également les étudiants à effectuer des recherches efficaces lors de leurs voyages de recherche internationaux dans des bibliothèques qui utilisent le même système ou un système similaire.

La plupart des systèmes de gestion de bibliothèque (SGB) professionnels offrent un catalogue en ligne accessible au public. Ces catalogues sont souvent également compatibles avec les technologies mobiles. L'accès par portable est indispensable si une école de théologie a des étudiants qui étudient à distance. Un catalogue en ligne alimenté par des ressources imprimées et électroniques cataloguées permet aux utilisateurs de trouver facilement, en un seul clic ciblé, les ressources disponibles dans la bibliothèque, ou d'accéder aux ressources électroniques à distance. Les frais de licence de la plupart des SGB sont prohibitifs. Dans de nombreux cas, il est donc nécessaire d'utiliser des logiciels de gestion

---

16. Voir Classify : http://classify.oclc.org/classify2. Une documentation complète sur LC est disponible ici : https://www.loc.gov/aba/cataloging/classification/. Pour la CDD, il est conseillé d'utiliser le manuel en quatre volumes : *Classification décimale Dewey et index*, 23ᵉ édition, 4 vols., Montréal, Éd. Asted, 2015. Les sommaires de la CDD sont aussi disponibles en anglais sur le site de l'OCLC : https://www.oclc.org/content/dam/oclc/dewey/ddc23-summaries.pdf. OCLC détient les droits d'auteur de la CDD. Une documentation en ligne sur la CDD est disponible sur WebDewey (https://www.oclc.org/fr/dewey/webdewey.html), mais le coût de l'abonnement peut être prohibitif (et le fait de posséder le manuel imprimé vous évitera d'avoir à le faire).

open source comme Koha ou Evergreen[17]. Ces logiciels peuvent être téléchargés et utilisés gratuitement, mais ils nécessitent souvent un personnel d'assistance informatique dédié. Bien que les bibliothécaires puissent devenir experts dans le fonctionnement de ces SGB, l'installation et la maintenance sortent parfois du cadre habituel de leurs compétences.

Domaine 4 : le rôle du personnel de la bibliothèque

Comme nous l'avons mentionné dans le domaine 1, la bibliothèque fait partie intégrante d'un établissement d'enseignement et doit être pleinement impliquée dans le développement et la mise en œuvre des programmes de doctorat. Il est fort possible que cela comprenne également un examen et/ou une réévaluation de son rôle. Les professeurs semblent souvent percevoir le rôle d'une bibliothèque de théologie comme un simple soutien à l'enseignement et à l'apprentissage[18], mais cette définition n'est pas suffisante pour servir les programmes doctoraux. Les choses ne sont pas aussi simples, et les bibliothèques peuvent et doivent jouer des rôles multiples et variés dans le processus éducatif à tous les niveaux. En plus de fournir un accès aux ressources imprimées et numériques et un espace d'étude physique, les bibliothécaires facilitent les activités de recherche, offrent des services de référence, forment les étudiants à la maîtrise de l'information et prodiguent des conseils dans de nombreux autres domaines liés à la recherche et à la publication. Cependant, la capacité à offrir ces services dépend étroitement du nombre et de la formation du personnel de bibliothèque et de la vision que l'institution et le personnel de la bibliothèque ont du rôle du bibliothécaire.

Principe #10 : l'institution dispose d'un personnel de bibliothèque qualifié en nombre suffisant

Les écoles théologiques du Sud sont confrontées à des réalités très différentes en ce qui concerne le nombre et la formation du personnel des bibliothèques. Certaines auront un ou plusieurs bibliothécaires formés ; dans d'autres

---

17. Koha (http://www.koha.org) ; Evergreen (http://www.evergreen-ils.org).
18. Le rapport de recherche 2017 d'Ithaka S+R (COOPER et SCHONFELD, « Supporting the Changing Research Practices of Religious Studies Scholars », p. 41) souligne que le corps professoral croit souvent à tort que la bibliothèque est influente uniquement pour les étudiants de premier cycle et pour les activités d'enseignement, mais qu'elle ne joue pas de rôle dans la recherche et qu'elle n'est pas pertinente pour les besoins des doctorants.

institutions, les bibliothécaires devront acquérir les compétences nécessaires
« sur le terrain ». Une institution qui planifie ou gère des études de doctorat devra
s'assurer que la bibliothèque est suffisamment équipée pour un programme
doctoral, non seulement en termes de ressources, mais aussi de recrutement de
personnel qualifié[19].

En termes de compétences et de formation, le bibliothécaire en chef aura de
préférence un diplôme de théologie et de bibliothécaire, une bonne connaissance
de la littérature théologique et une bonne maîtrise de la technologie. Si ce n'est
pas encore le cas lorsque l'école commence à planifier un programme de doctorat,
il est essentiel que le bibliothécaire développe activement des connaissances et
des compétences dans chacun de ces domaines. Outre ses qualités professionnelles, le personnel d'une bibliothèque doit faire preuve de maturité spirituelle,
de capacités de communication et de capacités à résoudre des problèmes. Il
s'engage auprès de divers groupes du campus, tels que le corps enseignant, le
personnel informatique, les doctorants et les chercheurs externes. Il doit être
capable de prendre des initiatives, de faire preuve de « bon sens », de travailler
de manière indépendante et en équipe, et de faire preuve de souplesse et de
créativité pour s'adapter à diverses situations. Certaines de ces qualités sont
décrites plus en détail ci-après[20].

Principe #11 : le personnel de la bibliothèque met constamment l'accent sur une « culture de service » et améliore continuellement sa disponibilité à l'égard des utilisateurs

a) **Une approche centrée sur le service** : il peut sembler redondant de
souligner la nécessité d'une approche centrée sur le service dans une bibliothèque qui est, par définition, une institution de service. Mais, étant donné les

---

19. Il y aura certainement des différences selon le contexte quant à la définition de « suffisant » et « qualifié ». L'école tiendra nécessairement compte des pratiques et réglementations du pays où elle est située.

20. Voir également la caractérisation par James Dunkly d'un bibliothécaire théologique qui
« doit avoir une compréhension générale de la théologie dans son ensemble, de l'Église,
de la communauté des chercheurs et de l'attention portée aux personnes » (DUNKLY,
« Theological Libraries and Theological Librarians in Theological Education », dans
*Summary of Proceedings. Forty-fifth Annual Conference of the American Theological
Library Association*, sous dir. Betty A. O'Brien, Evanston, American Theological Library
Association, 1991, p. 230-231). Il y aura une variation considérable dans le mode et
le degré d'implication dans ces domaines – en raison des différences de personnalité
et de poste –, mais un engagement envers ces quatre domaines est essentiel.

nombreuses pressions et attentes auxquelles sont confrontés les bibliothécaires des écoles de théologie dans les pays du Sud – par exemple, le manque de personnel et de finances, l'isolement et le peu de possibilités de développement professionnel, l'évolution technologique extrêmement rapide qu'il faut maîtriser pour rester à la pointe –, il est parfois tentant de s'isoler du monde extérieur et de s'efforcer d'accomplir sa tâche. Il est important de se remémorer régulièrement l'attitude et l'approche qui font partie de la vocation et de la profession de bibliothécaire, à savoir laisser derrière soi une attitude et une perspective administrative et se concentrer plutôt sur la personne et ses besoins en information. Les responsables des bibliothèques et des universités devraient promouvoir un équilibre entre l'orientation vers les objectifs et l'orientation vers les personnes et créer un environnement dans lequel les deux attitudes sont encouragées.

b) **Une approche centrée sur l'utilisateur :** les bibliothécaires ont été décrits comme des ouvreurs de portes et des « connecteurs ». Leurs services comprennent la mise en relation : (1) de personnes (doctorants) à des ressources (dans tous les formats et en tous lieux), (2) de personne à personne (les doctorants avec les professeurs concernés, les conférences et autres communautés d'apprentissage/de recherche), et (3) de personnes à des technologies (connaître et promouvoir les technologies potentiellement utiles aux doctorants dans leur processus de recherche). Pour gérer tous ces services, le bibliothécaire s'efforce de comprendre les besoins, les contextes culturels et les habitudes de recherche des doctorants qui utilisent la bibliothèque, tout en restant informé des ressources imprimées et numériques et des technologies disponibles et accessibles, ainsi que des lieux et des communautés de chercheurs existants. La bibliothèque est bien ancrée localement et dans son contexte – cela se reflète dans le développement des collections, dans les services offerts et dans les modes de communication – tout en restant ouverte aux évolutions mondiales.

Dans l'idéal, les bibliothécaires deviennent des catalyseurs dans le processus de recherche, parfois même plus que les directeurs de thèse. Ce sont des réseauteurs qui ont adopté une approche axée sur les besoins et qui remarquent les lacunes et les comblent grâce à leur ensemble unique de compétences. La bibliothèque est un lieu d'échanges et de rencontres, car elle planifie et/ou contribue à diverses activités qui permettent de créer une communauté d'apprentissage et d'échange de résultats de recherche. Pour toutes ces raisons, la bibliothèque doit s'ouvrir sur l'extérieur, avec un personnel qui collabore bien avec les autres membres de l'institution et qui dispose d'un solide réseau de contacts internationaux pour le PEB et l'échange de ressources.

Principe #12 : le personnel de la bibliothèque se forme tout au long de sa carrière

a) **Le statut académique :** les bibliothèques de théologie des pays du Sud sont dans des situations très différentes en termes de nombre d'employés et de formation professionnelle du personnel. Un bibliothécaire théologique « idéal » serait diplômé en théologie, en bibliothéconomie et en technologie, mais en réalité cette aspiration est difficile à concrétiser. Les avantages d'un bibliothécaire formé de manière professionnelle sont évidents, surtout si le rôle éducationnel et de catalyseur de la recherche du bibliothécaire est reconnu dans l'institution. Celle-ci aura donc tout intérêt à s'efforcer d'atteindre cet objectif et les résultats qui en découlent.

Les bibliothécaires ayant reçu une formation adaptée et ayant des capacités de recherche méritent pleinement un statut académique équivalent à celui du corps enseignant. Ce statut académique fait d'eux des collègues du personnel enseignant et leur permet de s'engager dans toutes les fonctions pertinentes, y compris l'enseignement de cours appropriés, notamment liés à la recherche.

b) **L'apprentissage tout au long de la vie :** nous avons insisté sur la nécessité d'un développement continu de chaque membre du personnel de la bibliothèque. Ils doivent faire face à des changements technologiques rapides, ainsi qu'à l'évolution des modes de publication et des divers modèles commerciaux de ressources électroniques et à l'évolution des formats éducatifs qui ont un effet sur la bibliothèque. Il est donc essentiel qu'ils se tiennent au courant des nouveaux développements. Tous les membres du personnel des bibliothèques doivent participer à des échanges professionnels avec leurs pairs. Il convient donc d'encourager la participation aux conférences locales et internationales de bibliothécaires et aux associations de bibliothèques. Les écoles spécialisées en sciences de la documentation dans les pays du Sud sont lentes à développer des cours en ligne en bibliothéconomie et/ou à adapter leurs programmes de longue date aux développements technologiques et à la nouvelle philosophie des services de bibliothèque. Mais lorsque l'enseignement à distance et en ligne de la bibliothéconomie est disponible, ces cours peuvent aider à acquérir une formation professionnelle en bibliothéconomie tout en travaillant.

c) **Échanges locaux et internationaux :** la coopération et les échanges entre les bibliothécaires des pays du Sud qui soutiennent les programmes doctoraux enrichiront également le développement professionnel. Souvent, les bibliothécaires d'autres institutions ont été confrontés à des défis et des pressions similaires et ont développé des solutions créatives pour mieux remplir leur mission. Ces innovations peuvent être adaptées à d'autres contextes. L'expertise du personnel peut être diffusée par le biais de programmes d'échange de personnel. La plupart des bibliothèques des pays du Sud sont souvent confrontées à une pénurie de personnel qualifié. L'échange de personnel offre la possibilité aux bibliothèques dans le besoin d'avoir accès à l'aide de bibliothécaires qualifiés d'autres institutions. Une telle dynamique d'échange professionnel peut être organisée sur la base d'un accord de compréhension mutuelle entre les institutions.

Les mentors professionnels, avec lesquels les bibliothécaires des pays du Sud peuvent être en contact, sont une véritable source d'encouragement et de croissance. Ces personnes considèrent la bibliothéconomie comme un ministère et sont prêtes à servir les autres dans l'intérêt de la promotion d'une formation théologique florissante dans d'autres pays. Ils sont souvent prêts à se rendre sur place ou à discuter à distance pour accompagner les personnes appelées à travailler comme bibliothécaires. Leur contribution se situe généralement à mi-chemin entre la formation et le mentorat.

Domaine 5 : maîtrise de l'information dans les programmes doctoraux

Définition : la maîtrise de l'information peut être définie comme un ensemble d'aptitudes et de compétences permettant de localiser, d'évaluer et d'utiliser l'information de manière éthique et pertinente. Elle est étroitement liée aux compétences informatiques et de bibliothèque, aux compétences en matière de recherche et de réflexion critique, c'est-à-dire qu'elle combine des compétences pratiques et des capacités et habitudes de réflexion.

On suppose généralement que les doctorants ayant déjà suivi des cours de documentation par le passé savent déjà trouver et utiliser les ressources documentaires disponibles dans n'importe quelle bibliothèque et sur Internet. De plus, on suppose souvent que ces étudiants ont développé des compétences adéquates en matière de recherche et de technologie. Cependant, pour de nombreux doctorants en théologie dans les pays du Sud, la réalité est qu'ils s'inscrivent aux études de doctorat bien après avoir terminé leur master. Les pratiques et les modes de recherche auront considérablement changé entre-temps en raison des progrès rapides de la technologie et de la disponibilité des ressources électroniques. La plupart des doctorants s'inscrivent dans un établissement différent de celui où ils ont suivi leur master (souvent dans un pays étranger) et ne connaissent donc pas bien les nouveaux espaces de bibliothèque.

La maîtrise de l'information et de la recherche est un élément essentiel pour doter les étudiants d'approches et de compétences leur permettant de rechercher, d'évaluer et d'utiliser l'information de manière pertinente. Ce sont également des outils essentiels pour l'apprentissage tout au long de la vie. Si la plupart des établissements d'enseignement supérieur disposent de programmes de formation élaborés pour les étudiants de premier cycle et de quelques autres au niveau du master, rares sont ceux qui s'intéressent particulièrement aux doctorants.

Principe #13 : la bibliothèque élabore une politique et une formation de maîtrise de l'information

a) **Politique de maîtrise de l'information** : chaque bibliothèque devrait avoir une politique globale de maîtrise de l'information élaborée par la bibliothèque, discutée avec le corps enseignant et approuvée par les structures administratives concernés. Ce document guide la bibliothèque concernant les compétences et les besoins des doctorants en matière de recherche. Il permet à la direction de l'école d'apprécier le rôle que joue la bibliothèque dans la formation des doctorants. C'est dans ce domaine que les bibliothécaires collaborent le plus étroitement avec les professeurs des disciplines concernées. La politique de maîtrise de l'information va de pair avec les politiques et pratiques de l'institution en matière de recherche universitaire et de rédaction de politiques, afin de créer une synergie avec les autres branches de l'institution. Elle doit préciser le public et le champ d'application qu'elle vise, inclure un énoncé de sa raison d'être, de ses buts et de ses objectifs, décrire les fondements pédagogiques du programme, le rôle des diverses parties prenantes et les avantages attendus du programme. Un tel document couvre généralement la maîtrise de l'information pour tous les utilisateurs de la bibliothèque et comprend une section spéciale concernant les doctorants.

b) **Formation à la maîtrise de l'information** : avant de décider d'un cadre d'intervention en matière de maîtrise de l'information pour les doctorants, la bibliothèque devrait savoir quelles sont les aptitudes et les compétences de ces utilisateurs au début de leur doctorat (une enquête pourrait être utile), comment ils abordent leurs études et leurs recherches, et quels sont les résultats d'apprentissage du programme attendus. Lorsque les bibliothécaires comprennent les étapes d'un processus de recherche, ils peuvent décider des informations qui sont transmises par les professeurs, de celles que la bibliothèque peut transmettre, et de la manière la plus efficace de le faire. Le programme d'études comprendra plusieurs éléments axés sur des compétences différentes, faisant appel à des pédagogies différentes et se complétant mutuellement :

1) L'initiation et la formation des doctorants, en plusieurs phases successives, proposées au début des études et approfondies continuellement tout au long du processus doctoral. Il peut s'agir d'ateliers, de séminaires, d'unités dans des cours existants (méthodes de recherche) et/ou d'un cours indépendant sur la maîtrise de l'information.

2) Une formation pour les chercheurs confirmés et les directeurs de thèse (qui sont les interlocuteurs principaux pour les doctorants) qui rafraîchit leurs compétences et leur permet à l'avenir d'offrir une formation aux étudiants chercheurs au moment où ils en auront besoin.

3) Le développement d'« outils d'auto-assistance » accessibles en cas de besoin, après les heures de travail, sans la présence d'un bibliothécaire ou d'un superviseur, par exemple des tutoriels en ligne sur divers aspects de la recherche, de l'évaluation et de l'utilisation de l'information, ainsi que sur les bases de données et les services disponibles.

Principe #14 : la bibliothèque fournit aux doctorants une formation initiale et continue

a) **Formation initiale :** en plus de l'initiation générale des doctorants au début de leur doctorat, les administrateurs de l'école devraient allouer espace et temps pour que le bibliothécaire organise des sessions spéciales liées aux compétences en matière de recherche et d'information. Les doctorants ont besoin d'être initiés aux ressources et services de la bibliothèque spécifiquement axés sur leurs besoins uniques en tant que chercheurs. Il devrait y avoir une formation initiale permettant de localiser les documents dans leur(s) domaine(s) d'étude et dans tous les formats disponibles, sur l'utilisation du catalogue et des diverses bases de données, donnant un aperçu des outils de recherche et des documents disponibles dans le monde entier, une stratégie pour évaluer la qualité, la fiabilité et la pertinence des ressources trouvées, et une présentation des services que la bibliothèque locale offre aux doctorants à distance. Il est important que les étudiants vivent une expérience positive quant aux aspects liés à la bibliothèque au début du processus et qu'ils soient encouragés à revenir par la suite avec leurs questions personnelles. L'initiation doit aboutir à la possibilité pour les étudiants d'échanger avec un spécialiste de la bibliothèque, un directeur de thèse ou un membre du corps enseignant dans leur domaine ou une personne ressource qui les aidera dans leurs domaines de recherche.

b) **La formation continue :** l'accueil des doctorants doit faire connaître la bibliothèque comme le lieu où l'étudiant peut s'attendre à trouver des réponses à ses besoins d'information tout au long de ses études doctorales. L'aide et la formation continues en matière de référence sont axées sur un soutien individualisé et personnalisé selon les compétences de l'étudiant, le stade de sa recherche et son emplacement géographique, ainsi que sa situation. Le bibliothécaire doit développer une compréhension empathique des sujets de recherche des étudiants, et, par le biais de divers services de consultation (face à face, discussions en ligne, courriel), agir comme un interlocuteur supplémentaire pour le doctorant. Le principal interlocuteur du doctorant dans sa recherche est son directeur de thèse et les autres membres du corps enseignant concernés. Cependant, lorsque l'encadrement a été confié à des professeurs adjoints ou à un spécialiste invité, ou si les directeurs de thèse sont trop occupés par l'enseignement et leurs propres activités de recherche, les doctorants peuvent parfois se retrouver seuls et isolés. Des conversations occasionnelles avec un bibliothécaire spécialiste d'un sujet, qui connaît la documentation, qui peut poser les bonnes questions et qui peut indiquer certains noms, certaines idées et certaines ressources s'avéreront inestimables et aideront à soutenir le doctorant tout au long de ce parcours exigeant.

Aux stades ultérieurs, les étudiants peuvent avoir besoin d'un soutien dans des domaines tels que la gestion des droits d'auteur (autorisations d'inclure des documents d'autres auteurs, revendication des droits d'auteur pour leurs propres documents), les logiciels de gestion des références et les processus de publication.

Principe #15 : les bibliothécaires collaborent avec le corps enseignant pour les interventions sur la maîtrise de l'information

Comme la politique en matière de maîtrise de l'information l'a exposé, la bibliothèque et le corps enseignant collaborent à la création d'un environnement de recherche propice pour les doctorants, individuellement et par le biais des structures du programme de doctorat. Étant donné que la maîtrise de l'information et de la recherche est mieux enseignée comme un processus continu intégré dans diverses unités plutôt que comme une activité ponctuelle, la collaboration entre bibliothécaires et professeurs est essentielle. Les rôles distincts mais complémentaires des bibliothécaires et des enseignants sont l'occasion pour les deux parties de se réunir et de déterminer comment elles peuvent tirer le meilleur parti de leurs compétences respectives pour réussir. Dans le cadre de ces interactions, les bibliothécaires et le corps enseignant auront des conversations qui mèneront à une compréhension commune de ce qu'est la maîtrise de l'information et de ses avantages pour les étudiants. Cela devrait se traduire par l'intégration de composantes de la maîtrise de l'information dans certaines unités de cours. En même temps, les bibliothécaires font des présentations ponctuelles aux doctorants sur des sujets spécifiques de maîtrise de l'information, soit dans le cadre d'une unité enseignée, soit en tant que présentation indépendante.

Principe #16 : la bibliothèque fait partie de la culture de recherche de l'institution

Ce principe concerne l'évolution du rôle d'une bibliothèque de théologie lorsque des études doctorales sont incluses dans son service. La bibliothèque ne soutient alors pas seulement les autres dans leurs activités d'apprentissage et de recherche, mais elle défend également la valeur de l'apprentissage tout au long de la vie pour les bibliothécaires eux-mêmes. Les bibliothécaires sont des spécialistes dynamiques de l'information qui connaissent bien le processus de recherche et les besoins en information qui se manifestent aux différentes étapes de ce processus. Le personnel des bibliothèques est lui-même impliqué dans la recherche ou en a fait, il connaît donc les problèmes et les blocages du processus de recherche et en comprend dès lors les joies et les défis. Le fait qu'un bibliothécaire soit habitué à démêler lui-même des problèmes de recherche lui permet d'éprouver de l'empathie pour les étudiants et de les aider à comprendre les besoins en information qui changent tout au long du processus de recherche, les pratiques en matière de quête et d'utilisation de l'information, les ressources que les utilisateurs trouvent généralement ou ne trouvent pas (localement, sur Internet ou par l'intermédiaire de connaissances) et les raisons de cette dynamique. Les bibliothécaires sont bien placés pour penser de manière créative et suggérer des solutions de secours lorsque les étudiants rencontrent des problèmes. En s'engageant dans leurs propres projets de recherche[21], les bibliothécaires peuvent contribuer à la promotion d'une culture de la recherche parmi les étudiants et les professeurs de l'établissement, soutenir la discussion en cours sur la recherche et alimenter une communauté de recherche et d'apprentissage, ainsi que l'échange de résultats de recherche.

---

21. Les bibliothécaires sont souvent encouragés à participer à des conversations de recherche en rédigeant des notes de lecture d'ouvrages. Cela favorise le développement de leurs collections, leur permet de fournir des conseils de référence, contribue à leur développement professionnel et profite à la communauté universitaire.

Partie II

Transition vers le service auprès des doctorants

Témoignages

1. « Une tâche conjointe et collaborative » : la bibliothèque de l'Africa International University (Nairobi)

Dr Ephraim Mudave, bibliothécaire de l'université

L'Africa International University (AIU) a été créée sous le nom de Nairobi Evangelical Graduate School of Theology (NEGST) en 1983 par l'Association des Évangéliques d'Afrique (AEA). L'objectif était de fournir une formation pour les pasteurs au-delà des niveaux du certificat et du diplôme de base. L'initiative a été motivée par la crise du « christo-paganisme » que l'on observait dans le christianisme africain, intensifiée par le manque de théologiens bibliques africains ayant une formation avancée et capables d'assurer le leadership dans la lutte contre cette tendance. Le gouvernement du Kenya a accordé à l'AIU un statut d'université en mars 2011. Depuis, elle a continué à développer des programmes de premier cycle et de deuxième cycle, en particulier dans les domaines du commerce, de l'informatique, des études de développement et de conseil/psychologie, en plus de la théologie.

L'AIU s'engage à offrir un enseignement fondé avec passion sur :

- Dieu, la Parole de Dieu et le monde de Dieu ;
- la vérité, l'intégrité, le service ;
- l'excellence, la justice, la beauté, la vie et la création.

À cette fin, elle compte quatre écoles : l'École de théologie (NEGST), l'École de commerce et d'économie, l'École des sciences de l'éducation, des arts et des sciences sociales et l'Institut de recherche des réalités africaines[1].

Les discussions sur l'ajout de programmes doctoraux à l'institution ont commencé il y a des années, mais ont pris forme vers 2002. Le bibliothécaire fut impliqué lorsqu'il devint évident que la date envisagée pour le début des programmes de doctorat serait 2005. Ces trois années furent consacrées à la planification, à la collecte de fonds et à l'amélioration des installations. À l'époque, les programmes comprenaient un master 1 et 2 en théologie, un master 2 en missiologie, un master 2 en études bibliques et un master 2 en études de traduction. Il existait un certificat et un diplôme en ministères chrétiens visant à préparer les femmes (principalement les épouses des étudiants) à un ministère efficace. Les formations doctorales proposées étaient un doctorat en études bibliques et un doctorat en études de traduction. L'objectif de ces deux programmes était de former des chercheurs au plus haut niveau universitaire, afin qu'ils puissent apporter une contribution précieuse à l'érudition biblique en Afrique et dans le monde et offrir des conseils et des formations en matière de traduction.

Image 1 : Bibliothèque de l'Africa International University

---

1. Note de l'éditeur : dans l'original, les quatre écoles s'appellent : NEGST (School of Theology) ; School of Business and Economics ; School of Education, Arts and Social Sciences ; Institute for the Study of African Realities.

Fin 2002, la bibliothèque comptait environ 31 000 titres, dont 2 500 volumes de revues reliées. Presque toutes les opérations de la bibliothèque étaient manuelles et méritaient d'être automatisées. La bibliothèque était dirigée par un bibliothécaire titulaire d'une maîtrise en bibliothéconomie, qui était aidé par deux employés ayant une formation de niveau licence et trois personnes n'ayant pas de formation en bibliothéconomie, mais possédant une expérience professionnelle en bibliothèque. Nous étions alors bibliothécaire adjoint et nous avons donc pu suivre toutes les étapes du processus. À l'époque, nous étions titulaire d'une licence en bibliothéconomie. Plus tard, nous avons obtenu une maîtrise et, enfin, une formation doctorale en sciences de la documentation. Nous avons clairement pris conscience de la nécessité de former le personnel existant au service des doctorants. La visite de deux bibliothécaires américains en 2004 a encore aidé le processus de préparation de la bibliothèque, car ils avaient de l'expérience dans des institutions offrant des programmes de doctorat et dans la conversion de données. Les érudits invités la même année, qui ont été consultés sur l'élaboration des programmes, ont également apporté une contribution utile au développement de la bibliothèque.

L'institution disposait d'un comité de bibliothèque présidé par un membre du corps enseignant au nom du directeur académique, avec le bibliothécaire servant de secrétaire. Le comité comptait deux représentants du conseil des étudiants, un représentant du département des technologies de l'information et de la communication (TIC) et deux membres du corps enseignant, soit un total de sept membres, tous dotés du droit de vote. Le groupe a fait part de son intention de développer la bibliothèque pour soutenir les programmes de doctorat, et un projet de développement de la bibliothèque a vu le jour. Comme le président du comité de la bibliothèque était aussi directeur du département de traduction et de linguistique, le comité disposait d'informations de première main sur l'avancement du développement du programme doctoral. La participation du bibliothécaire dès les premières discussions a permis de se faire une idée de la direction à prendre pour développer la bibliothèque.

Le projet de développement de la bibliothèque comportait cinq domaines d'intervention : les périodiques, les livres, l'espace, la technologie et le budget/ le personnel.

Les périodiques

Les périodiques fournissent des informations de recherche de pointe dans le domaine ciblé. Les efforts déployés pour élargir la collection de revues, tant pour les études bibliques que pour les études de traduction, ont permis de faire passer le nombre de titres de revues d'environ 150 à 230. L'expansion impliquait le renouvellement des abonnements qui avaient expiré. Le personnel a reçu du coordinateur des études doctorales des recommandations de titres pertinents pour les abonnements des départements concernés. Dès lors, le personnel a identifié les principaux titres de revues et la bibliothèque s'y est abonnée. Celles dont les séries étaient interrompues ont été répertoriées pour l'acquisition des numéros manquants. Nous nous sommes abonnés aux bases de données et plateformes pertinentes, telles que ATLA RDB, EBSCOHost, JSTOR, Persée, OpenEdition, Érudit et le réseau Mir@bel.

Les livres

Après avoir évalué les collections de la bibliothèque, la nécessité d'élargir la section de référence et de recherche générale est devenue évidente. Il nous fallait acheter des commentaires et des ouvrages de référence spécifiques. La collaboration avec les professeurs des départements concernés comprenait des rapports trimestriels de la bibliothèque au comité de développement du doctorat sur les ressources commandées et reçues, ainsi que les états financiers des commandes et des reçus. Deux professeurs d'études bibliques et de traduction recueillaient les catalogues papier, accédaient aux catalogues en ligne et présentaient des listes de commande au bibliothécaire qui s'assurait que les ressources étaient acquises et livrées. Il n'y avait pas de politique documentaire, donc tout ce que les enseignants des deux départements doctoraux pionniers proposaient était adopté.

Image 2 : Étudiants à la bibliothèque de l'AIU

Plusieurs ouvrages étaient épuisés, en particulier pour les études bibliques. Parmi les principales maisons d'édition utilisées, citons Mohr-Siebeck, Brill, Eisenbrauns, Society for Biblical Literature, IVP, Walter De Gruyter, Continuum, John Wiley, Langham Publishing, Routledge et Fortress Press. Nous avons dû rechercher dans les librairies en ligne et les archives des titres phares épuisés et d'occasion. C'est la librairie Dove Booksellers qui nous a fourni la plupart de ces titres épuisés. Le Theological Book Network (TBN) a joué un rôle très important dans le développement de la collection en négociant de meilleurs prix avec les principaux éditeurs aux États-Unis et en préparant les commandes et les expéditions. À ce stade, nous avons embauché une personne pour prendre en charge les commandes et leur traitement.

Tout comme pour le TBN et Langham, les partenariats et les collaborations avec des individus et des institutions ont joué un rôle important dans le développement des collections. L'excellente relation de travail entre la bibliothèque et le corps enseignant a constitué un avantage supplémentaire, car les spécialistes de la matière se sentaient responsables, tandis que le personnel de la bibliothèque se sentait soutenu par le corps enseignant pour s'acquitter de ses tâches. Nous avons bénéficié des connaissances des professeurs sur les ressources utiles pour les programmes doctoraux.

L'espace

Il est courant que les doctorants résidents aient besoin d'un espace d'étude qui leur soit réservé dans la bibliothèque. Nous n'avions pas de problème d'espace, puisque notre institution avait une petite fréquentation d'environ 250-300 étudiants par semestre. Une partie du bâtiment de la bibliothèque, au premier étage, était jusqu'alors utilisée comme espace de bureaux. Nous avons dû construire un escalier pour accéder à cet étage depuis la bibliothèque. La moitié de l'espace à l'étage a été converti en espaces d'étude pour les doctorants, le reste étant réservé aux numéros reliés des revues ou ceux plus anciens. Les espaces de travail individuel devaient accueillir au moins douze étudiants pour commencer. L'augmentation de l'acquisition de livres a également nécessité plus d'étagères. Plusieurs rangées d'étagères ont été achetées, et comme nous venions de déménager dans le nouveau bâtiment de la bibliothèque quelques années auparavant, il y avait de la place au rez-de-chaussée pour les accueillir.

La technologie

Comme nous l'avons mentionné plus haut, nous devions automatiser les processus de la bibliothèque. Le comité de la bibliothèque a donc entrepris la recherche d'un système de gestion approprié. La bibliothèque a présenté une liste de fonctions spécifiques attendues du nouveau système, et plusieurs progiciels ont été examinés à la lumière de ces fonctions. Le responsable informatique fut intégré au comité de la bibliothèque, afin de garantir l'acquisition d'un système compatible avec le reste de l'infrastructure TIC de l'institution. Il a fallu cinq mois pour choisir un système approprié et faire installer Alice Graduate. À ce stade, un bibliothécaire formé aux TIC a été engagé et formé au nouveau logiciel. Beaucoup plus tard, nous sommes passés d'Alice Graduate au logiciel open source Koha, avec l'aide du personnel du département informatique. Cette collaboration a permis de créer un partenariat solide entre la bibliothèque et le département informatique, dont nous avons continué à profiter au fil des ans. Le bibliothécaire du système est le personnel de liaison entre les deux départements.

La mise en ligne du catalogue de la bibliothèque impliquait que les utilisateurs de la bibliothèque aient accès à des ordinateurs pour effectuer des recherches. Nous avons commencé avec seulement quatre ordinateurs dédiés spécifiquement à accéder au catalogue public en ligne ou OPAC (Online Public Access Catalog). Cependant, progressivement, un centre multimédia a été développé au sein de la bibliothèque avec dix-huit ordinateurs pour accéder aux ressources en ligne. Pour les doctorants, la bourse qu'ils recevaient comprenait un nouvel ordinateur portable. En plus des ordinateurs, la bibliothèque a acheté plusieurs scanners portables pour faciliter les nouvelles opérations automatisées.

Les salles des doctorants étaient toutes connectées au réseau de l'université ; plus tard, un accès sans fil à Internet fut établi. Une imprimante fut installée dans la salle des thésards, afin de leur faciliter l'impression de documents. Un photocopieur dernier cri fut acheté, sur lequel les étudiants pouvaient envoyer leurs travaux. Un scanner à plat a également été acheté pour ceux qui préféraient scanner les documents plutôt que de les photocopier.

La conversion du catalogue sur fiches

L'installation du nouveau système de gestion de bibliothèque en mai 2004 a marqué le début d'un exercice de conversion rétrospective du catalogue. Nous avions plus de 29 000 entrées pour des livres qui devaient être convertis de la classification décimale Dewey à la classification de la Library of Congress (comme l'exige l'organisme d'accréditation, voir ci-dessous). Nous avons également dû convertir les notices du catalogue manuel sur fiches. Environ 9 600 de ces documents se trouvaient dans un programme appelé Librarian's Helper. Grâce à un bibliothécaire de passage, nous avons réussi à les convertir en MARC 21 et à les importer dans le nouveau système à l'aide du module de conversion rétrospective. Il nous a fallu vérifier les 9 600 notices importées avant de commencer à ajouter d'autres notices dans le nouveau logiciel. Pour les autres notices, nous avons utilisé le protocole Z39.50 pour télécharger les notices de la Library of Congress et de la British National Bibliography ; le taux de réussite se situait entre 70 et 80 %. Le bibliothécaire en charge du traitement a élaboré un manuel de procédures étape par étape pour le téléchargement des notices à partir des bases de données de la BNB et de la LC, ce qui a facilité l'assistance du personnel dans la recherche et le téléchargement des notices. Les notices qui n'avaient pas de détails CIP ont dû être cataloguées manuellement[2].

Les normes d'accréditation

Il y a eu des interactions entre l'institution et la commission de l'enseignement supérieur (CHE, Commission of Higher Education) concernant l'accréditation locale. Cela s'ajoutait à l'accréditation évangélique continentale reçue de l'Accrediting Commission for Theological Education in Africa (ACTEA). L'une des exigences du CHE pour la bibliothèque était que le système de classification devait être la classification de la Library of Congress, alors que nous utilisions la classification décimale de Dewey. Cette exigence s'étendait à toutes les institutions d'enseignement supérieur du pays. La conversion rétrospective a été accompagnée d'un effort de reclassification. Cela a impliqué l'impression de nouvelles étiquettes pour plus de 29 000 ressources et une réorganisation complète des livres sur les étagères de la bibliothèque pour se conformer au nouveau système.

L'organisme d'accréditation était également assez précis sur les niveaux et les qualifications du personnel. Dans notre cas, il exigeait que le bibliothécaire

---

2. Note de l'éditeur : « La notice CIP ne figure pas souvent dans les livres en français, mais si notre fonds documentaire comprend des livres en anglais, elle peut être très utile. La notice CIP est une abréviation de *Cataloguing-in-Publication*. La Library of Congress a mis au point un système de catalogage en collaboration avec de nombreux éditeurs de livres américains. Les catalogueurs de la Library of Congress effectuent le catalogage initial des nouveaux livres à partir d'informations de prépublication. Ensuite, une copie de ce catalogage est imprimée dans le livre. C'est un guide utile pour prendre des décisions concernant notre catalogage, en particulier pour choisir un numéro de classification pour le livre. » LeAnne Hardy, Linda Lambert et Ferne L. Weimer, sous dir., *La gestion d'une bibliothèque. Un guide pratique*, trad. Sandy Ayer, coll. ICETE, Carlisle, Langham Global Library, 2022, p. 167.

en chef ait au minimum une formation de type master en bibliothéconomie, et qu'il dispose d'un nombre suffisant d'autres employés qualifiés. Notre bibliothécaire en chef répondait à ces critères, mais elle est partie avant le début des programmes de doctorat. Il est devenu nécessaire de recruter ou de former un successeur. L'institution a décidé de dispenser une formation complémentaire pour préparer le bibliothécaire adjoint (l'auteur du présent article), lequel avait travaillé en étroite collaboration avec la bibliothécaire en chef, à prendre la relève. Cela permettait d'assurer la continuité des plans sans qu'il y ait de difficultés majeures. La leçon à retenir ici est que la bibliothèque doit veiller à ce que son responsable assiste aux réunions de planification, ainsi qu'un autre membre prometteur du personnel de la bibliothèque. Dans notre cas, l'adjoint avait participé aux réunions aux côtés de la bibliothécaire en chef. Pour répondre aux besoins en personnel, la bibliothèque a engagé deux autres personnes qualifiées, l'une chargée des acquisitions et du traitement des achats, ce qui était auparavant géré par le bibliothécaire adjoint, et l'autre chargée des questions liées aux TIC. Il était devenu évident que la bibliothèque avait besoin de quelqu'un pour faire le lien avec le service informatique et prendre en charge les questions liées à la technologie.

Budget

Tous les développements mentionnés – infrastructure, ressources et personnel – dépendaient de la disponibilité d'un financement adéquat. Le comité de développement des programmes doctoraux avait été mis en place trois ans avant le début du programme. Le mandat du comité comprenait la collecte de fonds pour répondre aux besoins de la bibliothèque, afin de la mettre aux normes. Par conséquent, la bibliothèque a résumé ses besoins, et le comité de doctorat s'est efforcé de collecter des fonds. Au cours des trois années de préparation des deux programmes de doctorat, le budget de la bibliothèque était d'environ cinq cent mille dollars. Divers donateurs individuels et entreprises ont été identifiés par le comité et impliqués dans les discussions dès le début. Les donateurs ont été regroupés en fonction de leurs intérêts, ce qui s'est avéré très utile. Certains donateurs ont exigé que l'institution démontre son engagement en collectant 50 % du montant requis pour recevoir des fonds en contrepartie. Le comité s'est donc chargé d'identifier et de collecter des fonds pour constituer la base de la contrepartie.

La situation actuelle

Au fil des ans, la collection de la bibliothèque s'est enrichie de plus de 60 000 ressources imprimées. Les abonnements à plusieurs bases de données importantes pour les livres et les revues électroniques complètent les ressources imprimées existantes. L'abonnement aux ressources électroniques se fait principalement par le biais d'un consortium d'établissements d'enseignement supérieur au Kenya. La commission d'accréditation exige que tous les établissements d'enseignement supérieur soient membres du consortium.

Trois nouveaux programmes de doctorat ont été ajoutés aux deux premiers qui ont débuté en 2005 : théologie, études interculturelles (missions, christianisme mondial, islam) et linguistique générale et appliquée. Trois autres programmes ont été approuvés par l'organisme d'accréditation et sont proposés depuis 2021. Les programmes de doctorat subséquents ont moins sollicité la bibliothèque que les deux premiers. Cela prouve qu'une institution doit faire les choses correctement dès le début – l'ajout de programmes ultérieurs sera un peu plus facile, car l'institution n'aura peut-être pas besoin de personnel et d'infrastructures supplémentaires, et n'aura besoin que de ressources documentaires supplémentaires dans les domaines de spécialisation. Le nombre d'employés n'a pas changé de façon spectaculaire – seuls trois membres du personnel ont été ajoutés. Cependant, le développement professionnel a connu des changements considérables : une personne a obtenu un doctorat, une autre a obtenu une maîtrise (deux autres ont terminé leur formation et attendent leur diplôme), et concernant les personnes en formation, l'une a une maîtrise, une autre un diplôme, et deux ont acquis une expérience sur le terrain.

Le personnel actuel, étant donné son expérience, sa formation et son nombre, a permis de développer un cadre de maîtrise de l'information qui comprend une matière de base enseignée à tous les étudiants de premier cycle. Les étudiants en deuxième et troisième cycle suivent pendant dix semaines une formation couvrant tous les aspects des compétences en matière d'information et d'autres domaines d'intérêt pour les utilisateurs de la bibliothèque. Le bibliothécaire qui se consacre aux services des usagers planifie toujours des cours sur la maîtrise de l'information et l'initiation générale des nouveaux doctorants et d'autres étudiants.

Servir les doctorants n'est pas totalement différent du fait de servir les autres étudiants, car ils ont tous besoin d'informations et de compétences sur la façon de trouver, d'accéder et d'utiliser l'information une fois qu'elle est localisée. La légère différence est que les doctorants ont besoin d'informations précises et approfondies et sont moins sûrs de ce qu'ils recherchent exactement.

Défis rencontrés et enseignements tirés

Le coût du développement de la bibliothèque pour offrir des programmes de doctorat peut être élevé et nécessite des efforts et des moyens financiers importants. Nous avons eu la chance d'avoir un comité de développement du doctorat solide et performant dans la collecte de fonds. Un partenariat avec le Summer Institute of Linguistics a permis le développement du doctorat en linguistique. Cependant, même avec une bonne planification, nous avons rencontré des difficultés, notamment en matière de logistique (livraison et autorisation). Certains livres ne sont pas arrivés dans les délais prévus. L'une des leçons apprises est que l'achat de ressources doit être effectué bien avant le début du programme.

Les partenariats et la coopération, tant à l'intérieur qu'à l'extérieur de l'institution, ont permis à la bibliothèque de progresser plus rapidement dans sa préparation au lancement des programmes de doctorat. Grâce à la participation du bibliothécaire aux premières étapes du projet, le département a pu se tenir au courant des besoins du programme. Les visites de bibliothécaires professionnels expérimentés en programmes doctoraux ont été très utiles. Le partenariat avec le Theological Book Network et Langham Literature a grandement contribué au processus de développement de la collection qui a été activement mené en interne par les professeurs en collaboration avec les bibliothécaires. Nous avons appris que le développement de collections pour le lancement de programmes de doctorat est une tâche conjointe et collaborative. Cependant, nous manquions d'une politique documentaire et n'avions donc pas de lignes directrices. La politique a été rédigée au cours du processus, puis adoptée pour être mise en œuvre.

2. « Faire un effort d'imagination » : la bibliothèque de la China Graduate School of Theology (Hong Kong)

*Dr Joyce Sun, professeure associée et
bibliothécaire (jusqu'en juillet 2021)*

Démarrer un programme de doctorat

La China Graduate School of Theology (CGST) est une école de théologie interconfessionnelle située à Hong Kong. Elle cherche à servir les Églises chinoises à Hong Kong, en Chine continentale et à l'étranger en offrant une formation théologique de niveau supérieur aux diplômés universitaires pour qu'ils deviennent des leaders dans les Églises de ces régions.

Le programme de doctorat de la CGST a officiellement été lancé en 2002, mais la vision de mettre en place un programme doctoral existait et était débattue dès le milieu des années 1990. Les célébrations du vingtième anniversaire de l'école ont donné un élan supplémentaire à cette vision. Étant donné qu'aucune des institutions de Hong Kong (sans parler de la Chine continentale) ne proposait à l'époque des études doctorales, nous espérions que le nouveau programme pourrait former des éducateurs et des spécialistes en théologie fiables et exceptionnels pour la Chine et l'Asie. Leur enseignement et leurs écrits en chinois favoriseraient la recherche et la contextualisation théologique dans la région.

Participation du bibliothécaire dans la préparation du programme doctoral

La préparation de la bibliothèque de la CGST au nouveau programme de doctorat a grandement bénéficié de deux aspects : l'administration de l'école a consacré une partie de son budget à la modernisation des installations de la bibliothèque et à l'élargissement de son fonds documentaire ; et son bibliothécaire était en même temps membre du corps enseignant de l'école. De ce fait, il a eu accès aux discussions et aux plans du programme à venir, et a commencé les travaux préparatoires bien avant le début du programme de doctorat. Pour répondre aux exigences d'accréditation définies par l'Asia Theological Association, la bibliothèque devait d'abord élargir sa collection de revues et de livres non anglophones.

Le bibliothécaire étant lui-même titulaire d'un doctorat, il connaissait le processus de recherche des doctorants et le niveau des documents de recherche dont ils avaient besoin pour mener à bien leur thèse. En même temps, il espérait doter la collection de recherche de la bibliothèque de titres correspondant aux sujets de recherche et aux besoins des étudiants à leur arrivée. Les acquisitions effectuées par la bibliothèque à ce stade se concentraient principalement sur les ouvrages de recherche et de référence généraux. Certains fonds furent retenus pour les acquisitions nécessaires lorsque l'admission des doctorants aurait effectivement eu lieu et que leurs sujets seraient connus. Le rythme adopté et les mesures prises par la bibliothèque du CGST ont suivi de près et ont largement dépendu du processus de planification et de mise en œuvre de l'école. En 2001, avant la première admission d'un doctorant en 2003, la bibliothèque avait acquis 399 livres non anglophones dans le cadre de sa collection doctorale (dont beaucoup étaient d'occasion).

Image 3 : Entrée de la bibliothèque de la CGST

L'école n'appartenant à aucune dénomination et ne disposant d'aucune source de financement importante à long terme, ses ressources, qu'elles soient financières ou autres, devaient être utilisées avec prudence. Les ressources allouées par la bibliothèque pour la mise en place initiale de ses collections doctorales furent principalement centrées sur les intérêts de recherche des candidats potentiels. Étant donné que de nombreux professeurs de l'époque étaient des spécialistes de Karl Barth et que l'on pouvait s'attendre à ce que les étudiants acceptés travaillent dans des domaines similaires, la bibliothèque consacra une part importante de son budget à l'acquisition d'ouvrages relatifs à la recherche sur Karl Barth.

L'expansion du fonds documentaire a été considérablement favorisée par le parrainage de l'Overseas Council International for Theological Education (OCI), une organisation chrétienne visant à promouvoir l'excellence académique des écoles de théologie dans les pays du Sud. L'école a également obtenu une subvention de contrepartie pour développer la collection de recherche doctorale. Elle a donc dû s'engager dans des efforts de collecte de fonds pour obtenir cette subvention. En 2006, la bibliothèque possédait plus de 1 000 livres non anglophones en plus de ses collections anglaise et chinoise. Sa collection de revues est également passée de 413 numéros (comprenant des titres chinois et anglais) en 2001 à 514 numéros en 2006, sans compter l'ajout de quatre bases de données électroniques de revues en texte intégral.

Afin d'utiliser les fonds disponibles de manière judicieuse, la bibliothèque a toujours adopté la stratégie de limiter ses collections aux ouvrages spécifiques au christianisme ou en rapport avec ce dernier, et continue de le faire. Les étudiants qui effectuent des recherches interdisciplinaires pour lesquelles les documents de recherche nécessaires ne sont pas disponibles à la bibliothèque du CGST sont encouragés à demander de l'aide aux universités où ils ont étudié précédemment ou à la bibliothèque de l'Université baptiste de Hong Kong située à proximité[3]. En 2013, un programme a été lancé pour décerner un diplôme de doctorat conjoint entre la CGST et l'Université d'Édimbourg (UoE) – les étudiants inscrits à ce programme peuvent également utiliser les ressources de la bibliothèque de l'UoE. De cette façon, la bibliothèque du CGST peut se concentrer sur les besoins que les étudiants ne peuvent pas satisfaire par d'autres moyens.

Modèle de service personnalisé

Le nombre annuel de doctorants dans l'école reste restreint, et la bibliothèque de la CGST parvient donc à servir chacun d'entre eux sur une base individuelle. Lorsque les deux premiers doctorants ont été admis en 2003 – l'un s'est engagé dans une recherche sur Karl Barth et l'autre a adopté un sujet tiré du livre du Lévitique de l'Ancien Testament –, la bibliothèque a sciemment élargi ses fonds dans ces deux domaines. Lorsque les nouveaux étudiants s'orientent vers d'autres domaines d'études avec l'accord de leurs directeurs de thèse et du comité des études supérieures, la bibliothèque adapte sa stratégie d'acquisition en conséquence pour répondre à ces changements. Le fait que le bibliothécaire soit membre du comité des études supérieures lui permet également de prendre connaissance très tôt des besoins de recherche des doctorants et de leurs domaines particuliers, de sorte que les acquisitions peuvent commencer et être ajustées avant même l'arrivée de l'étudiant.

En plus de fournir des collections d'ouvrages pertinents, la bibliothèque de la CGST s'efforce de répondre aux besoins personnels des étudiants et d'offrir son espace comme un lieu pratique et confortable où les étudiants peuvent effectuer des recherches individuelles. Malgré son manque constant d'espace physique, la bibliothèque permet aux étudiants de choisir leur bureau. Les étudiants choisiront probablement des bureaux situés à côté d'étagères contenant des documents sur leurs intérêts de recherche particuliers. En outre, des casiers personnels sont mis à leur disposition pour qu'ils puissent conserver les livres empruntés sur place sans avoir à les transporter à l'aller et au retour.

---

3. Pour l'émission mutuelle de cartes de lecteur institutionnelles entre la bibliothèque de la CGST et la bibliothèque de l'Université baptiste de Hong Kong, voir la section sur la collaboration inter-bibliothèques ci-dessous.

La fourniture de ces services sur mesure ne signifie en aucun cas que la bibliothèque réponde sans discernement et sans contrôle aux demandes des étudiants. Puisque toutes les demandes de livres et de revues doivent être approuvées par le bibliothécaire, ce dernier peut toujours examiner ces demandes et s'assurer qu'elles sont pertinentes et nécessaires pour les études de chaque étudiant. Dans le doute, le bibliothécaire contactera le directeur de thèse concerné pour obtenir des éclaircissements et/ou des ajustements à la liste des demandes.

Image 4 : L'équipement informatique

Faire face à l'ère numérique

Les progrès rapides de la technologie et l'apparition croissante des ressources électroniques ont rendu un grand service à la bibliothèque du CGST au cours des dernières décennies. Située à Hong Kong, où le prix des terrains est notoirement élevé, la bibliothèque doit continuellement faire face à un manque d'espace. La disponibilité des documents électroniques permet à la bibliothèque d'élargir sa collection avec une utilisation minimale de l'espace physique, ce qui libère de l'espace pour répondre à des besoins plus urgents, tels que l'aménagement d'espaces d'étude et l'installation d'un plus grand nombre d'ordinateurs et de photocopieurs.

Si un ouvrage donné est disponible à la fois en version imprimée et en version numérique, la bibliothèque donnera la priorité au format numérique. Si le budget le permet, la bibliothèque est également encline à acquérir des bases de données en ligne prestigieuses, telles que la Dead Sea Scroll Electronic Library, la Digital

Karl Barth Library et le Bulletin of the Institute of Modern History, Academia Sinica, grâce auxquelles les étudiants peuvent accéder en ligne à des collections renommées mais volumineuses sans utiliser d'espace physique dans la bibliothèque. Celle-ci a lancé un processus visant à mettre ses revues physiques dans des rayons fermés et à les remplacer par des versions numériques (si elles sont disponibles), afin de pouvoir libérer ces rayons pour accueillir d'autres articles. Tout en augmentant sa capacité à accueillir le nombre toujours croissant de publications, la bibliothèque se retrouve en même temps quelque peu soulagée de l'urgence de trouver un espace supplémentaire ou même de déménager dans des locaux plus grands.

Image 5 : Bureau d'un doctorant

En outre, les services de la bibliothèque de la CGST pour les étudiants chercheurs ont été améliorés par l'introduction d'outils de recherche numériques. La bibliothèque a réussi à acheter RefWorks, un gestionnaire de bibliographie et de base de données, pour aider les étudiants à créer et organiser leurs propres ressources personnelles dans le processus de recherche et à importer des citations et générer des bibliographies pour leurs mémoires ou thèses de doctorat. Les étudiants chercheurs disposent d'un autre outil, Adobe Acrobat Pro, qui leur permet de convertir des documents et des images au format PDF ou Word, et d'importer des citations dans leurs travaux de recherche.

Pour guider les étudiants à travers la matrice des outils et ressources numériques disponibles à la bibliothèque, l'équipe de la bibliothèque de la CGST fournit une initiation et une formation à chaque doctorant débutant, également sur une base individuelle. Cet accompagnement personnel s'avère particulièrement précieux pour les étudiants originaires de Chine continentale et ceux qui ont accompli des études antérieures dans d'autres institutions. Ce type d'accompagnement individuel dure tout au long des études de doctorat de l'étudiant à la CGST. Comme les étudiants ont leur propre espace de travail à l'intérieur de la bibliothèque, beaucoup connaissent bien le personnel de la bibliothèque. Lorsqu'ils ont des questions ou des problèmes pour trouver des ressources ou utiliser l'équipement de la bibliothèque, le personnel peut les aider immédiatement. L'équipe de la bibliothèque est constamment présente à leurs côtés et accueille volontiers les demandes, qu'il s'agisse de trouver un document spécifique ou de conseiller sur la manière et l'endroit où trouver des documents pertinents pour un sujet de recherche particulier.

Outre les contacts individuels, les doctorants du CGST peuvent également améliorer leur maîtrise de l'information et leurs compétences en matière de recherche en regardant des tutoriels vidéo publiés sur la page web de la bibliothèque, ou en participant, de leur propre initiative, à des sessions de formation et des ateliers organisés par la bibliothèque. L'équipe de la bibliothèque du CGST joue un rôle indispensable dans la mise à disposition de services d'information et la promotion de la maîtrise de l'information dans l'ensemble de l'école. Parfois, elle va même jusqu'à suggérer et conseiller l'administration de l'école sur les derniers développements des outils de recherche et sur les versions les plus récentes des équipements. Le lecteur de microfiches numérique et scanner avec fonction de reconnaissance optique de caractères (OCR), maintenant installé à la bibliothèque, est un exemple typique de la contribution de l'équipe de la bibliothèque à l'amélioration de l'expérience de recherche des étudiants dans le cadre de leur doctorat. La machine fut achetée sur les conseils de la bibliothèque en 2019, lorsque l'école a obtenu un financement pour acquérir les archives 1910-1961 du Missionary Council, qui n'étaient disponibles qu'en format microfiche.

Stratégie de développement du personnel

Afin de faciliter le développement des compétences de recherche documentaire des étudiants, et pour conseiller l'administration de l'école sur les tendances récentes en matière de compétences et d'équipements de recherche, l'équipe de la bibliothèque doit d'abord elle-même être bien au fait de ces compétences et équipements et se tenir informée des derniers développements et innovations.

Lorsqu'en 2003 la CGST a accueilli sa première promotion de doctorants, seul l'un des cinq membres de l'équipe de la bibliothèque était titulaire d'un master en rapport avec la gestion des bibliothèques. Certains étudiants ont un jour remis en question les qualifications professionnelles du personnel de la bibliothèque. Aujourd'hui, en 2020, trois des membres de l'équipe, dont le bibliothécaire associé et les bibliothécaires adjoints, sont titulaires d'une maîtrise en sciences de la documentation. Outre la maîtrise de l'information, les compétences en matière de recherche et les collections, leurs domaines de formation comprennent également les philosophies de la recherche et des comportements d'apprentissage dans les environnements numériques. Bien que n'ayant pas de maîtrise en gestion de bibliothèque, les deux autres membres de l'équipe ont reçu une formation professionnelle dans des domaines spécifiques du fonctionnement des bibliothèques, notamment la gestion des connaissances et la conservation des livres et des documents.

L'un des facteurs contribuant à cette augmentation significative des qualifications professionnelles au sein de l'équipe de la bibliothèque est que l'école reconnaît la gestion des bibliothèques comme une activité professionnelle. Chaque membre du personnel est encouragé à s'engager dans des études à temps partiel en rapport avec son travail. Sur recommandation du bibliothécaire, il ou elle peut demander un soutien à l'école, que ce soit sous la forme d'une subvention ou d'un congé sabbatique, pour avancer dans sa formation professionnelle. Une fois le diplôme obtenu, la nouvelle qualification professionnelle sera reconnue et deviendra un facteur à prendre en considération lors de l'examen des rémunérations et des postes.

Après avoir traité la question de la qualification professionnelle, la prochaine question que la bibliothèque de la CGST devra peut-être aborder est celle des connaissances théologiques du personnel de la bibliothèque. Après tout, la CGST est une école de théologie. Une connaissance adéquate des sujets abordés par les étudiants est en effet bénéfique lorsque l'équipe doit fournir une assistance pour localiser des documents pertinents à ces sujets. Cependant, s'engager dans des études théologiques relève souvent de la vocation et des aspirations spirituelles de chacun. La bibliothèque ne peut donc qu'encourager et persuader, en priant pour qu'un jour certains membres de son équipe aient la vision nécessaire pour s'engager dans cette voie.

Collaboration entre bibliothèques

Compte tenu de l'évolution rapide des technologies de l'information, des compétences en matière de recherche, des pratiques éducatives et du comportement des maisons d'édition, ainsi que de la quantité sans cesse croissante de nouvelles ressources, de nouveaux outils et de nouvelles publications, les bibliothèques peuvent difficilement travailler seules et en même temps rester au fait de toutes ces tendances et évolutions. Le problème est particulièrement sérieux pour les bibliothèques de théologie de Hong Kong et de Chine continentale, qui disposent généralement de budgets relativement modestes. Les avantages de la coopération avec d'autres institutions pour répondre aux besoins des étudiants sont évidents.

La bibliothèque de la CGST est actuellement membre de sept associations de bibliothèques, dont l'American Theological Library Association, l'Association of British Theological and Philosophical Libraries, le Forum of Asian Theological Librarians et la Hong Kong Library Association. La participation à ces associations sert à fournir des plateformes permettant à la bibliothèque de s'engager dans des échanges internationaux et de partager des informations sur le développement des bibliothèques et des ministères. De temps à autre, l'équipe de la bibliothèque est invitée à assister à des présentations et à des ateliers organisés par ces associations, afin de se tenir au courant des derniers développements, tels que la gestion des bibliothèques, les droits d'auteur, les métadonnées et les pratiques de catalogage. La bibliothèque peut même bénéficier de prix réduits lors de l'achat de ressources électroniques par le biais de ces événements.

En outre, la bibliothèque de la CGST a conclu un accord avec celle de la Hong Kong Baptist University, dans le cadre duquel des cartes de lecteur institutionnelles sont délivrées aux utilisateurs de l'une et de l'autre, de sorte que les étudiants de la CGST ont accès à la collection de l'université et peuvent faire des photocopies des ressources. Cet arrangement est particulièrement adapté aux besoins des doctorants qui effectuent des recherches interdisciplinaires. Ils peuvent obtenir des ressources en sociologie, psychologie, sciences politiques, et même en linguistique et en histoire, sans affecter le budget de la bibliothèque.

Enfin, et non moins important, la CGST est depuis 1997 officiellement membre du Ecumenical Information Network (EIN) de Hong Kong. L'EIN est un réseau de bibliothèques de théologie à Hong Kong formé en 1995 pour une coopération entre bibliothèques sur le partage des ressources et le développement de l'information électronique. Le réseau est composé de cinq membres qui partagent le même serveur proxy et le même catalogue collectif, de sorte que les étudiants de n'importe quel établissement membre peuvent consulter les ressources détenues par les cinq. Cela est possible grâce au Primo Discovery Tool Service, également acheté conjointement par les membres de l'EIN en 2013. Le catalogue collectif de l'EIN est désormais le catalogue de bibliothèque de théologie le plus complet de Hong Kong et le plus grand catalogue de bibliothèque de théologie chinoise au monde. En outre, tous les membres de l'EIN utilisent le même système de catalogage et le même manuel, de sorte que la notice MARC (*machine-readable cataloguing* ou catalogage lisible par machine) de chaque document est normalisée et que la notice MARC d'une bibliothèque peut être utilisée par les quatre autres sans double effort.

Image 6 : Salle de lecture CGST

Certes, outre les services tels que le PEB et le service de fourniture de documents, grâce auxquels les livres et les revues coûteux acquis par une bibliothèque peuvent être partagés avec les quatre autres, la coopération entre les membres de l'EIN est variée et évidente. Nous avons des réunions quatre à cinq fois par an, au cours desquelles les questions relatives au catalogage, au système de gestion de bibliothèque, aux projets conjoints et aux possibilités de coopération sont explorées et discutées. Tous les ans, à tour de rôle, les représentants des bibliothèques coordonnent la réunion et sont responsables de la communication, de la liaison entre les membres de l'EIN et les fournisseurs, les autres organisations et les unités.

Depuis la création de l'EIN, ses membres ont entrepris conjointement des projets importants, illustrant comment la coopération entre les institutions peut apporter des avantages significatifs à leurs membres. L'acquisition de Primo Discovery Tool Service et l'emploi d'un administrateur de système à frais partagés ont permis à chaque membre, y compris la bibliothèque de la CGST, de fournir un accès plus rapide aux documents scientifiques et aux nouveaux contenus avec une pression minimale sur son budget. La coopération permet également aux membres de l'EIN d'acquérir des collections prestigieuses à un prix abordable, comme la base de données de la Loeb Classical Library. Actuellement, chaque membre de l'EIN s'engage à dépenser une somme fixe chaque année pour acheter des livres électroniques qui seront utilisés conjointement par tous les membres. Plus la dépense globale est importante, plus grand est le pouvoir de négociation des membres de l'EIN pour obtenir de meilleurs prix.

En outre, la collaboration entre les membres de l'EIN peut également prendre la forme d'une demande de financement au nom du réseau pour enrichir leurs fonds et leurs installations. En plus de l'ajout de livres électroniques et de bases de données à leurs collections, le financement de l'EIN a permis à ses membres de développer une base de données chinoise de journaux en texte intégral, tout en faisant numériser leurs livres anciens et rares.

La CGST a connu beaucoup de joies et de bénédictions grâce à la collaboration avec d'autres bibliothèques de théologie de Hong Kong. Dans la mesure où les bibliothèques de théologie sont prêtes à partager et à faire preuve d'imagination, les formes et les possibilités de coopération et d'efforts conjoints peuvent être beaucoup plus vastes que ce que l'on pensait au départ.

3. « L'excellence est un cheminement » : la bibliothèque du South Asia Institute of Advanced Christian Studies (Bangalore)

Dr Yesan Sellan, bibliothécaire en chef

Introduction

C'est au cours de l'été 1981 à Kodaikanal, une station de montagne dans le sud de l'Inde, que l'idée de créer une institution de formation théologique supérieure axée sur la mission évangélique a émergé d'une conversation autour d'une tasse de thé entre le Dr Graham Houghton et le Dr Bruce Nicholls, qui étaient venus en tant que missionnaires en Inde[4]. Le South Asia Institute of Advanced Christian Studies (SAIACS) a été fondé en 1982, avec la conviction que les Églises en Inde avaient besoin de quelque chose de plus qu'un simple institut biblique ou séminaire. L'Institut avait pour but de fournir d'excellents programmes d'études théologiques en réponse à un besoin généralisé de formation en leadership chrétien en Inde et dans toute l'Asie du Sud. Comme il n'y avait pas de véritable infrastructure pour le faire, il fut suggéré que la formation diplômante soit proposée par la nouvelle Association of Evangelical Theological Education in India (AETEI). Le chef d'établissement de l'époque, Dr Houghton, mit en place une formation en deux ans, et les cours commencèrent en juin 1982, avec le soutien enthousiaste des dirigeants de l'Église et des étudiants potentiels. Au départ, il était prévu de mettre fin à la formation après l'obtention du diplôme de la première promotion d'étudiants. Mais comme les demandes continuaient à affluer, il fut décidé de maintenir la formation et de changer de lieu : de Madras à Bangalore. En 1984, le programme s'est désengagé de l'AETEI, et en 1985, le SAIACS a été enregistré séparément en tant qu'organisme éducatif à Bangalore, avec le Dr Houghton comme directeur[5].

Le SAIACS a été créé pour répondre aux préoccupations relatives à la « fuite des cerveaux » (étudiants indiens qui ne retournent pas en Inde après leurs études dans des universités occidentales), à la non-pertinence de la formation théologique occidentale dans le contexte de l'Asie du Sud et à une meilleure gestion financière.

Au commencement, la bibliothèque

En 1982 – lorsque SAIACS était d'abord à Chennai, puis à Madras –, le fonds de la bibliothèque comptait deux cents livres et quelques périodiques, qui appartenaient au directeur fondateur, le Dr Houghton. L'ensemble du fonds de la bibliothèque tenait sur une petite étagère en bois. Cette même étagère est toujours conservée dans le bureau du bibliothécaire en chef, en souvenir des débuts de la bibliothèque. Un étudiant était chargé de compter les livres chaque jour et de s'occuper de la bibliothèque. En 1984, les formations du SAIACS ont été transférées à Bangalore. Comme le SAIACS ne possédait aucune propriété, l'institution a commencé dans un bâtiment loué à Bangalore. Le bureau du chef d'établissement était dans un garage, et la bibliothèque et la réception occupaient une seule pièce. Les cours

---

4. South Asian Institute of Advanced Christian Studies, sous dir., *SAIACS. The First Thirty Years*, Bangalore, SAIACS Press, 2012.

5. https://www.saiacs.org.

avaient lieu dans plusieurs maisons. La visite d'une équipe d'accréditation de l'Asia Theological Association en 1983 a encouragé l'école à continuer à offrir les formations et a fortement recommandé que la bibliothèque soit développée.

Des livres provenant de diverses sources ont été acquis et la collection s'est enrichie. À cette époque, il se produisit un développement intéressant dans l'histoire des bibliothèques de théologie de Bangalore : une réunion officielle de cinq bibliothèques de séminaires eut lieu en 1985, qui devint par la suite l'un des réseaux de bibliothèques les plus performants en Inde, appelé le Joint Library Committee (JLC). Le SAIACS était l'un des membres fondateurs du JLC. Cet arrangement formel a permis aux étudiants du SAIACS d'utiliser les ressources disponibles dans les bibliothèques membres du JLC.

Image 7 : Bibliothèque du SAIACS

En 1987, les ressources de la bibliothèque sont passées à 7 000, avec l'espoir de déménager vers un nouveau campus début 1989. Cette même année, pendant la période de planification pour l'acquisition d'un emplacement à la périphérie de Bangalore, le SAIACS a été temporairement déplacé dans un institut biblique plus proche de la propriété. Les collections de la bibliothèque du SAIACS étaient conservées séparément dans cet institut, et un comptoir à part était utilisé pour le traitement des livres. Un étudiant bibliothécaire s'occupait du fonds documentaire pendant ses heures de pause. Les étudiants se rendaient occasionnellement dans les bibliothèques des autres institutions de la ville pour utiliser leurs ressources. Le développement de la bibliothèque était progressif et régulier. Le directeur fondateur a joué un rôle déterminant dans le développement de la bibliothèque, et les membres du corps enseignant étaient encouragés à recommander des acquisitions de livres pour enrichir les collections. Les enseignants visitaient souvent les librairies locales, les entrepôts des éditeurs et les salons de livres – ce sont quelques-unes des initiatives qui ont soutenu la croissance de la bibliothèque.

Après l'acquisition de la nouvelle propriété, le bâtiment administratif du nouveau campus a été achevé et inauguré en janvier 1989. La bibliothèque a été transférée de l'institut adjacent, où elle avait été temporairement hébergée pendant quelques mois, dans l'une des grandes salles du premier étage. Elle servait de bibliothèque et de salle de classe, mais le poids des livres a fini par provoquer des fissures dans le mur. Alors, rapidement, la bibliothèque a été déplacée au rez-de-chaussée. À cette époque, quelques ressources de référence importantes y ont été ajoutées, comme le Biblical Illustrator, des commentaires homilétiques, ainsi que d'autres sur la mission et la théologie pastorale, afin de répondre aux besoins croissants des programmes d'études. L'administration de l'Institut a estimé qu'il était nécessaire de construire une bibliothèque séparée pouvant contenir une collection de 100 000 livres maximum. Un bâtiment à part, prévu pour la bibliothèque, a été construit et inauguré en mars 1993. À l'heure actuelle, la collection de la bibliothèque compte plus de 65 000 livres.

Lancement d'un programme doctoral

Bien que le SAIACS ait été créé pour offrir un master 2 en missiologie, à partir de 1987, il y a eu une série de discussions et de plans au niveau du conseil du SAIACS pour explorer la possibilité d'offrir un programme de doctorat, y compris des partenariats avec des universités outre-mer. Les programmes de doctorat en missiologie (DMiss) et de doctorat en ministère (DMin) ont été lancés en 1988. Ces programmes sont principalement destinés à soutenir les responsables de mission et les pasteurs. Les efforts persistants du chef d'établissement et les partenariats avec diverses organisations ont contribué à la croissance de la bibliothèque.

En 1990, la collection de la bibliothèque a franchi le cap des 10 000 ouvrages, avec une acquisition annuelle d'environ 1 500 livres. Grâce aux fonds des donateurs étrangers, le fonds documentaire a rapidement atteint 15 000 livres et 165 abonnements à des périodiques.

L'année 1997 fut une étape importante dans la vie du SAIACS, car l'Université de Mysore, l'une des universités d'État du Karnataka, a officiellement reconnu le SAIACS comme centre de recherche permettant d'offrir des doctorats en christianisme spécialisé par le biais du département des études chrétiennes de l'université. Cette reconnaissance a permis au SAIACS d'offrir un programme de doctorat reconnu par une université d'État en Inde. À cette époque, les ressources de la bibliothèque ont également été étendues, et l'acquisition de nouveaux livres a été possible grâce aux recommandations du corps enseignant. La collection atteignait alors 20 000 ouvrages, avec des abonnements à 180 journaux. L'une des sympathisantes du SAIACS, Mme Margaret Falkowski, a proposé de s'abonner à des revues au nom du SAIACS et de les poster tous les six mois. Cet arrangement se poursuit aujourd'hui. Il a permis au budget de la bibliothèque d'économiser beaucoup de frais d'expédition et de limiter la charge financière pour l'institution. En 1997, la visite d'un bibliothécaire retraité, Mr William Dale Ward du Canada, sur les conseils du professeur David Sherbino au Tyndale University College and Seminary de Toronto, fut l'occasion d'un autre développement notable de la bibliothèque. Cette visite a permis de prendre des dispositions pour que le Tyndale College commence à contribuer aux abonnements aux ressources électroniques de la bibliothèque du SAIACS.

La participation de Dale Ward, lui-même bibliothécaire ayant une grande expérience des solutions logicielles pour bibliothèques, a joué un rôle très important dans la croissance de la bibliothèque du SAIACS. Lors de ses visites régulières, le Dr Ward a formé le personnel de la bibliothèque à l'utilisation d'Internet et à l'acquisition de logiciels de bibliothèque. Après la nomination en 2004 de l'actuel bibliothécaire, Dale Ward n'a pas jugé nécessaire d'effectuer d'autres visites.

Mise en œuvre des technologies de l'information

En plus d'offrir des services réguliers aux étudiants et au corps enseignant, la bibliothèque a également été sollicitée pour aider à la saisie des devoirs des étudiants. On a même demandé à l'un des membres du personnel de la bibliothèque d'aider à corriger les fautes de grammaire et d'orthographe dans les travaux des étudiants. Au fil du temps, la nécessité d'introduire des ordinateurs s'est imposée, et l'année 1995 a constitué un jalon important avec l'achat des dix premiers ordinateurs. Les ordinateurs étaient principalement destinés aux étudiants, afin qu'ils puissent produire eux-mêmes leurs travaux, ce qui soulageait grandement le personnel de la bibliothèque. Comme il n'y avait que dix ordinateurs disponibles pour le traitement de texte, les étudiants réservaient leurs créneaux et on les voyait parfois même tard dans la nuit en train de terminer leurs travaux.

À cette époque, l'acquisition de livres sur CD-ROM était considérée comme remarquable, car des centaines de livres pouvaient être stockés et récupérés sur un seul disque. Les plans visant à développer des ressources sur les études bibliques, la théologie pastorale et le département des sciences des religions ont été mis en œuvre de cette manière, et plusieurs commentaires importants et autres manuels ont été mis à disposition sur CD-ROM. À cette époque, le chef d'établissement, qui est historien, s'est montré très intéressé par l'acquisition de microfilms et de microfiches contenant des documents sur l'histoire des premières missions et de l'Église. Ces ajouts ont enrichi les collections de la bibliothèque, qui est devenue une bibliothèque de recherche.

Le besoin d'automatisation ayant été reconnu, l'introduction d'un système intégré de gestion de bibliothèque fut initiée en 1998. Dans le cadre de ce processus, une équipe a visité plusieurs bibliothèques universitaires et théologiques en Inde et a finalement présenté une proposition. L'équipe était composée du bibliothécaire du SAIACS et d'un bibliothécaire visiteur expérimenté du Canada. Finalement, le logiciel développé par Algorithms Pvt Ltd à Pune, appelé SLIM++, a été sélectionné, car il était également utilisé dans un autre séminaire de Pune. L'introduction d'un système informatisé dans la bibliothèque a conduit au développement de son infrastructure informatique en 2000.

Le développement de logiciels open source a reçu une attention et une appréciation significatives parmi les bibliothèques des pays du Sud. L'arrivée de plusieurs produits open source, tels que Koha, NewGenLib et d'autres, a provoqué des changements importants dans les bibliothèques de l'Inde. La bibliothèque du SAIACS a planifié de passer de SLIM++ à Koha en 2013. Le transfert de données n'a pas été un processus facile, mais, avec beaucoup de persévérance, il a été mené à bien en deux ans. La participation à des ateliers et la mise en place d'un serveur de démonstration ont aidé à former le personnel à l'utilisation de Koha. L'accès hors campus au catalogue de la bibliothèque et l'intégration aux ressources électroniques sont devenus possibles. Après de nombreuses discussions et l'évaluation de divers produits, nous avons identifié EZproxy d'OCLC comme étant utile pour soutenir l'accès hors campus. La mise en œuvre d'EZproxy est arrivée au bon moment, et, pendant la période de pandémie, les étudiants et le corps enseignant ont pu accéder aux ressources depuis n'importe quel endroit.

Développement des collections

La bibliothèque du SAIACS acquiert des ressources en fonction des besoins exprimés par les membres du corps enseignant pour répondre aux exigences des cours et des besoins des étudiants qui effectuent des recherches pour leur thèse. Ce n'est qu'en 2001 qu'un comité officiel de la bibliothèque a été formé. Cependant, la plupart des plans et des idées de développement ont émergé des retraites entre professeurs et personnel lors des réunions du « Joel Committee[6] ». Cela encourageait les membres du corps enseignant à faire un *brainstorming* et à présenter des idées, y compris des idées pour le développement de la bibliothèque. Les membres du corps enseignant étaient toujours encouragés à suggérer l'achat de livres pour la bibliothèque. Le chef d'établissement participait activement à l'ajout régulier de ressources à la bibliothèque et prenait les décisions finales. Il n'y avait pas de politique de développement des collections à proprement parler ; cependant, avec la participation des membres du corps enseignant et du directeur, il n'y a pratiquement pas eu d'ajout à la bibliothèque de ressources non désirées ou inutilisées.

Le partenariat avec l'Overseas Council International (OCI) et le CO de la Nouvelle-Zélande et de l'Australie a joué un rôle important dans la croissance du SAIACS. Ce partenariat a contribué à la constitution de plusieurs collections de base et au développement du personnel. La décision de créer un centre de recherche régional en collaboration avec le Theological Book Network (TBN) et Scholar Leaders International (SLI) a permis d'enrichir considérablement les collections spéciales sur les études bibliques, la religion, la théologie et la théologie pastorale. Les dons de livres de professeurs à la retraite ont été une autre source importante d'acquisitions pour la bibliothèque du SAIACS. Le chef d'établissement ainsi que son épouse s'entretenaient toujours avec les professeurs proches de la retraite et s'informaient d'un éventuel don de leurs bibliothèques personnelles. Ces bibliothèques personnelles ont toujours détenu certaines des meilleures collections de livres. Un don notable a été fait par le professeur Robert Eric Frykenberg. Il ajoute une valeur significative à la collection de la bibliothèque, car il comprend l'une des meilleures collections de ressources sur l'histoire, la mission et les études religieuses de l'Asie du Sud. En décembre 2019, le Dr Patricia Harrison d'Australie a fait don de sa collection personnelle à la bibliothèque du SAIACS. Ce don comprenait 6 000 titres dans les domaines de la missiologie et des études interculturelles. Cette collection comportait des ressources bibliques et théologiques considérables pour étayer l'étude sur les religions, la théologie, la sociologie et d'autres sujets.

Le soutien de Langham Literature a également contribué à la croissance de la bibliothèque grâce à sa subvention et à des livres supplémentaires. Des commandes permanentes auprès de certains éditeurs en Inde ont permis d'ajouter régulièrement des publications indiennes. Le manque de développement des

---

6. Le « Joel Committee » est composé de membres du personnel et du corps enseignant et se réunit normalement lors de la retraite annuelle de l'ensemble du personnel du SAIACS, afin de réfléchir à des idées et de planifier des développements pour l'avenir.

collections a été un obstacle au cours des dernières années, et la bibliothèque prévoit d'adopter une nouvelle politique documentaire. À ce jour, la bibliothèque du SAIACS est abonnée à 200 revues imprimées, possède plus de 65 000 livres, 500 microfiches, et donne accès à des bases de données en ligne telles que ATLA RDB, JSTOR, Global Digital Theological Library, entre autres.

Ressources électroniques

Afin de profiter des avantages des nouvelles technologies et des ressources numériques et de répondre aux besoins des programmes d'études, la bibliothèque du SAIACS, en partenariat avec le Tyndale Seminary de Toronto, a lancé en 2003 un abonnement sur CD-ROM à la base de données ATLA RDB. Cette dernière a mis en place un programme spécial au moyen duquel une bibliothèque nord-américaine pouvait obtenir un deuxième abonnement à la base de données ATLA RDB à un prix réduit et en faire don à une bibliothèque des pays du Sud. Le soutien de Tyndale dans l'obtention d'un tel abonnement pour le SAIACS fut très important. Plus tard, en 2008, nous sommes passés à un abonnement en ligne à la base de données ATLA RDB sur la plateforme EBSCO. ATLA propose des articles en texte intégral provenant de plus de 360 revues. Grâce au Christian Library Consortia of ACL, dont le bibliothécaire du SAIACS est membre, la bibliothèque a acquis 1 400 e-books à un prix réduit. Une importante collection d'e-books sur la théologie pastorale, la religion et les études bibliques a été ajoutée grâce à cet arrangement.

La bibliothèque du SAIACS fut la première en Inde à s'abonner aux principales bases de données religieuses et théologiques en ligne. Entre-temps, la bibliothèque a également mis à jour sa version CD-ROM de la Theological Journal Library avec le logiciel biblique Logos. En 2020, le logiciel Logos de la bibliothèque SAIACS compte près de 4 000 ressources électroniques. De plus, depuis 2015, la bibliothèque a commencé son abonnement à JSTOR grâce à son adhésion à un consortium national appelé INFLIBNET (Information Library Network). JSTOR propose des articles en texte intégral provenant de 2 000 revues. L'abonnement à la Global Digital Theological Library a encore amélioré les ressources numériques disponibles pour les étudiants et les membres du corps enseignant.

Comité et personnel de la bibliothèque

Jusqu'en 2001, il n'y avait pas de comité de bibliothèque en place. Avant cela, la plupart des questions relatives à la bibliothèque étaient discutées et décidées lors de la réunion des professeurs, ce qui semblait plus facile pour la prise de décision et la mise en œuvre. Le personnel de la bibliothèque était consulté lorsque des décisions importantes devaient être prises. Seuls deux bibliothécaires qualifiés faisaient alors partie du personnel. Deux autres assistants étaient employés pour aider aux services de la bibliothèque. Nous avons rejoint l'équipe en 2004 et nous avons introduit les normes actuelles des services de bibliothèque. À l'heure actuelle, le personnel est composé de quatre bibliothécaires professionnels, dont l'un détient un doctorat en bibliothéconomie et en sciences de l'information. Dans le cadre du soutien apporté aux autres bibliothèques, celle du SAIACS a conçu une formation certifiante de trois mois intitulée « Theological Librarianship ». Le SAIACS a ainsi formé plus de cinquante bibliothécaires. À partir de 2021, le SAIACS prévoit d'offrir un cours de bibliothéconomie théologique en ligne au niveau du troisième cycle. En ce qui concerne le personnel de bibliothèque, SAIACS a toujours soutenu le développement et l'amélioration de ses connaissances des progrès actuels dans le domaine de la science de l'information en bibliothèque. Le personnel bénéficie d'un soutien financier pour assister à des conférences, des ateliers et des cours de remise à niveau. L'un des bibliothécaires assistants a suivi une formation sur la gestion des archives à l'Asbury Theological Seminary aux États-Unis, et le bibliothécaire actuel a été soutenu pour poursuivre un doctorat en sciences de l'information.

Les services aux doctorants

La bibliothèque a installé des espaces de lecture individuels, pour les étudiants en master et les doctorants. Cela permet aux étudiants de bénéficier d'un espace de lecture calme et tranquille. Ils peuvent conserver un certain nombre de livres dans leur espace pour un accès rapide. Les autres étudiants qui ont besoin de consulter des ouvrages utilisés par des doctorants s'adressent au personnel de la bibliothèque pour obtenir de l'aide. Au début de l'année universitaire, les étudiants reçoivent une initiation et une formation sur l'utilisation de la bibliothèque. En outre, les étudiants en cours de rédaction de thèse sont autorisés à faire des recommandations à la bibliothèque pour l'acquisition de nouveaux livres. Cela aide à discerner les besoins et à ajouter des titres utiles à la collection. Les directeurs de thèse travaillent toujours en étroite collaboration avec le personnel de la bibliothèque pour s'assurer que les besoins des étudiants en doctorat sont satisfaits. Le bibliothécaire en chef a des interactions personnelles régulières avec les doctorants pour connaître leurs progrès dans la rédaction de leur thèse et pour identifier leurs besoins en information. Les interactions personnelles ont toujours servi à ajouter des ressources importantes et à mettre à jour les collections dans les différents départements. Les directeurs de thèse insistent pour que les doctorants rencontrent régulièrement le bibliothécaire en chef, afin d'avoir accès aux ressources nécessaires à leurs projets de recherche.

Réseaux inter-bibliothèques

Afin d'assurer un accès rapide aux ressources dont les étudiants ont besoin par le biais du PEB, le SAIACS est actuellement membre de plusieurs associations, telles que le Joint Library Committee (JLC), l'association des bibliothèques nationales de l'Inde, ATLA, ACL et ForATL. Le catalogue collectif du JLC compte plus d'un million de notices bibliographiques. Il facilite l'accès des étudiants aux ressources disponibles dans d'autres bibliothèques. Le système de PEB du JLC est l'un des meilleurs modèles en Inde. Dans le cadre de cet accord, les bibliothèques membres sont responsables du retour en toute sécurité des livres empruntés à d'autres bibliothèques membres du JLC.

Le SAIACS a conclu un protocole d'accord avec l'Asbury Theological Seminary en 2012. Cela a permis à la bibliothèque du SAIACS de se développer stratégiquement en formant le personnel de la bibliothèque sur l'accès au contenu numérique sans commettre de violation des droits d'auteur. Notre bibliothécaire, Mr Prasada Rao, a été envoyé à l'Asbury Theological Seminary pour être formé sur les archives et autres pratiques suivies dans la préservation et la conservation des documents rares. La vision de cette collaboration est de soutenir l'acquisition mutuelle de ressources publiées en Inde et en Asie qui ne sont pas facilement disponibles en Amérique du Nord. La relation avec Asbury a amélioré le développement de la collection de la bibliothèque du SAIACS, le développement des compétences du personnel et la disponibilité des services de PEB.

Grâce à des accords spéciaux avec plusieurs autres bibliothèques et bibliothécaires aux États-Unis, la bibliothèque du SAIACS est en mesure de se procurer des articles, des chapitres et des documents de conférence pour ses étudiants en master et en doctorat.

Expérience d'apprentissage

Je suis très heureuse de faire partie de la bibliothèque du SAIACS depuis 2004. Je considère que c'est un honneur et un privilège de répondre aux besoins des chercheurs. C'est uniquement par la grâce et la force de Dieu que nous avons pu élever les normes de la bibliothèque du SAIACS au même niveau que n'importe quelle bibliothèque de recherche. C'est un processus continu ; l'excellence n'est pas une destination, mais plutôt un parcours. Mon rêve pour la bibliothèque est de toujours maintenir des normes élevées et d'être un modèle pour les autres bibliothèques. Je continue à travailler en réseau avec des collègues du monde entier et cela affine mes compétences et mes idées. Des plans sont en cours pour mettre en œuvre des services de découverte et un dépôt institutionnel pour le SAIACS. De plus, la bibliothèque du SAIACS aimerait s'engager auprès des agences missionnaires indigènes en Inde pour gérer le dépôt numérique de leurs archives et documents missionnaires, afin de soutenir l'érudition indigène et de préserver ces documents pour les générations futures.

4. « Missionnaire en soi » : la bibliothèque John Smyth de l'International Baptist Theological Study Centre (IBTSC) à Amsterdam

Pieter van Wingerden, bibliothécaire

En juin 2014, c'est enfin arrivé. Après une longue période de préparation, les camions de déménagement remplis à ras bord de livres et d'étagères quittaient le terrain de l'International Baptist Theological Seminary de Jeneralka, à Prague. Sous le regard attentif du manager de la transition, David McMillan, et du bibliothécaire en chef, Zdenko S. Širka, les camions sont arrivés à Amsterdam pour décharger une bibliothèque de 41 000 volumes dans leurs nouveaux locaux. Il a fallu plusieurs semaines pour monter les étagères, déballer les livres et les ranger à leur place. Lorsque j'ai pénétré pour la première fois dans la bibliothèque, située au troisième étage d'un immeuble de bureaux ordinaire, le 3 août 2014, j'ai été frappé par le caractère hors du temps de ce lieu. Pendant les trois années suivantes, cet immeuble de bureaux anodin allait abriter un véritable coffre au trésor de soixante-dix ans d'histoire baptiste européenne. Depuis lors, nous avons déménagé de l'autre côté de la rue dans un bâtiment qui était connu sous le nom de John Smyth Memorial Church. La bibliothèque, qui a été baptisée en 2019 la John Smyth Library, en souvenir du nom d'origine de l'Église, se trouve à l'étage au-dessus de la salle paroissiale. L'Église sert toujours de lieu de rencontre pour plusieurs congrégations locales et régionales et abrite la Fédération baptiste européenne, l'Union baptiste néerlandaise, le Séminaire baptiste néerlandais et nous-mêmes.

J'avais une certaine expérience du travail de bibliothèque dans un contexte de mission, mais j'ai eu l'impression d'être un débutant lorsque Zdenko a mis à profit les deux jours suivants pour me donner un cours accéléré sur les rouages de cette

bibliothèque. Entre apprentissage du système de rayonnages (classification décimale de Dewey avec chiffres Cutter) et catalogage des livres (en MARC 21 suivant
les modèles de la LC), j'ai rapidement été profondément immergé dans un monde
nouveau qui est le plus souvent hors de vue. La même semaine, Zdenko est rentré
chez lui et j'ai dû me débrouiller seul dans une institution nouvellement créée.

Image 8 : Fenêtres de la bibliothèque de l'IBTSC (2ᵉ étage)

Au cours des années suivantes, j'ai beaucoup appris sur notre héritage : comment nous avons été fondés en 1949 à Rüschlikon-Suisse en tant que mission de
type plan Marshall du Foreign Mission Board de la Southern Baptist Convention ;
comment nous avons démarré en tant que séminaire international dans le but de
former des pasteurs et des responsables baptistes européens ; comment ce séminaire fut un lieu où s'est incarnée la réconciliation européenne après une guerre
dévastatrice ; comment, au fil des décennies, de plus en plus d'unions baptistes
européennes ont pu créer leurs séminaires ; comment nous avons déménagé en
Europe de l'Est au milieu des années 1990 pour nous rapprocher de ceux qui
avaient le plus besoin de notre enseignement ; comment les contraintes financières nous ont amenés à quitter nos beaux locaux de Prague, trop coûteux.

Au cours de nos 65 ans et plus d'existence, nous avons proposé différents
diplômes : la licence et le master à Rüschlikon, en Suisse ; le master et un certificat

en théologie pratique (CAT) très réussi à Prague. L'aventure des études doctorales n'a commencé qu'en 1999 en partenariat avec l'Université du Pays de Galles. Après une visite finale et décisive, cette dernière a décidé de valider les formations de master en théologie, master en philosophie et doctorat en théologie offertes à l'IBTSC. Pour assurer une préparation efficace aux études de doctorat, une formation certifiante de troisième cycle a été lancée en 2007. Cette formation, une fois achevée avec succès, a permis à nos étudiants issus de milieux éducatifs très divers de s'inscrire au programme doctoral.

Malheureusement, les sources ne disent pas si la bibliothèque a joué un rôle dans les discussions qui ont conduit à la création d'un programme doctoral. Je n'ai reçu aucun document stratégique pour la bibliothèque, et je suis donc enclin à penser qu'aucun travail détaillé n'a été effectué sur les implications que le lancement d'un doctorat aurait pour le développement de la bibliothèque. Des rapports émanant de mes prédécesseurs confirment cette impression. L'histoire ne me dit pas pourquoi la bibliothèque n'a pas été prise en compte comme il se doit lors de ces développements.

La joie d'avoir notre propre programme d'études doctorales n'a pas duré longtemps. L'Université du Pays de Galles a été dissoute de manière tout à fait inattendue en 2011, et avec elle notre programme de doctorat. Des dispositions ont été prises pour permettre aux étudiants en cours de continuer, mais aucun nouvel étudiant ne serait accepté. L'IBTSC se trouvait donc face à un problème de taille. Avec les défis financiers auxquels l'institution était confrontée à l'époque, la décision fut prise de quitter Prague. Après mûre réflexion, Amsterdam a été choisie comme nouveau siège. En juin 2013, un accord a été signé avec la Vrije Universiteit Amsterdam (VU), qui serait le nouveau partenaire de validation du programme doctoral.

Le programme actuel de doctorat comprend les éléments suivants : un certificat de troisième cycle de 30 crédits, la formulation d'une proposition de recherche doctorale et la rédaction d'une thèse. Le certificat de troisième cycle d'un an est validé par le Conseil européen pour la formation théologique. La VU le reconnaît pour l'acceptation à leur Graduate School of the Faculty of Religion and Theology. Dès leur arrivée sur le campus, les étudiants bénéficient d'une présentation en personne des ressources de la bibliothèque. Chaque année, les étudiants reviennent pour un colloque annuel de six jours en janvier, au cours duquel ils présentent leurs travaux, reçoivent les commentaires de leurs pairs et de leurs directeurs de thèse, et travaillent dans la bibliothèque physique. Tout au long de l'année, ils ont accès à des ressources électroniques par le biais des bibliothèques respectives de l'IBTSC et de la VU.

En tant que nouveau bibliothécaire d'une nouvelle institution avec un nouveau partenaire pour un nouveau programme de doctorat, j'ai dû prendre en compte de nombreux aspects. Le premier problème auquel j'ai dû faire face était de savoir comment servir des étudiants que je n'avais jamais rencontrés et que je ne rencontrerais normalement qu'une fois par an, lors d'un court colloque annuel de doctorat. Les 41 000 volumes papier ne leur seraient pas d'une grande utilité la majeure partie de l'année. À Prague, nous faisions partie de deux consortiums différents qui donnaient accès à la base de données ATLA RDB et l'Academic Search Complete d'EBSCO. Le déménagement international nous a rendus inéligibles à une participation ultérieure au consortium soutenu par le gouvernement tchèque, et nous avons donc perdu l'accès à l'Academic Search Complete (la participation à un consortium néerlandais similaire était hors de notre portée financièrement). EBSCO nous a permis de conserver l'abonnement à l'ATLA tchèque pour faciliter la transition. Nous nous sommes également abonnés à une petite collection de revues ProQuest et à deux collections de livres électroniques d'éditeurs universitaires (Oxford University Press et Cambridge University Press).

En soi, ces quatre collections numériques n'étaient pas mauvaises en tant qu'ensemble complémentaire de ressources. Mais en tant que substitut à l'accès illimité à une collection imprimée, c'était une alternative relativement maigre, peut-être même vraiment pauvre. Ma première tâche consistait à faire en sorte que nos étudiants en formation à distance bénéficient d'un accès à de nombreuses ressources électroniques. Nous avons été aidés par notre association avec la VU, puisque nos étudiants ont pu recevoir un code identifiant VUnet qui leur a permis d'accéder à distance à l'ensemble de leurs fonds numériques. Cependant, le processus d'inscription des étudiants à la VU est quelque peu laborieux, et les étudiants ne sont pas tous aussi doués en informatique qu'il le faudrait.

La bénédiction est venue grâce à un visionnaire américain motivé par la mission et que j'ai croisé par hasard en septembre 2016 lors de la 45e conférence annuelle BETH (Bibliothèques Européennes de Théologie/European Theological Libraries). Les interventions de la conférence étaient centrées sur le thème du libre accès. L'un des intervenants était le Dr Thomas E. Phillips, doyen des bibliothèques de la Claremont School of Theology en Californie, qui a parlé de l'Open Library of Humanities. Tom venait de lancer une nouvelle initiative, la Digital Theological Library (DTL). La bibliothèque théologique numérique est une « bibliothèque numérique en copropriété pour les études religieuses et théologiques ». Chaque école propriétaire verse une cotisation annuelle calculée en fonction de l'équivalent temps plein (ETP) de ses étudiants, et ses usagers ont accès à distance à tous les contenus de cette bibliothèque numérique. Comme le nombre de nos étudiants est relativement faible et qu'ils sont tous à temps partiel, il s'agit d'une solution très abordable pour notre bibliothèque. Nos étudiants ont accès à distance à plus de 600 000 e-books et à des millions d'articles dans divers domaines d'étude.

Comme les autres domaines sont principalement couverts par la DTL et les ressources électroniques, dans notre politique documentaire nous avons désigné notre bibliothèque de ressources imprimées comme une bibliothèque de recherche baptiste (IFLA Conspectus Level 4). Notre ambition est de la développer dans notre niche spécialisée dans l'identité, la mission et la pratique baptistes dans la région géographique de l'EBF (Europe, Moyen-Orient et Asie centrale) et au-delà.

Si je devais résumer mon rôle aujourd'hui, il relèverait globalement de trois catégories :

1.   L'aide à la recherche
2.   Les acquisitions
3.   Les relations (inter)nationales

L'aide à la recherche

Ma première et principale tâche est d'aider les étudiants dans leur recherche. Nous avons actuellement trente-sept étudiants à différents stades de leur parcours de doctorat. Ils ont tous accès à la DTL, et c'est donc à moi de leur apprendre à l'utiliser. Je suis également leur personne de référence lorsqu'ils se trouvent dans une impasse pour obtenir des ressources. En tant que copropriétaire de la DTL, je dispose de privilèges qui me permettent de demander de nouveaux ajouts à la bibliothèque, ce qui s'est avéré extrêmement utile dans de nombreux cas. Cependant, il n'est parfois pas possible d'acquérir un abonnement complet à une revue pour pouvoir accéder à un numéro en particulier. Grâce aux réseaux internationaux, j'ai pu obtenir presque tout ce dont les étudiants ont besoin pour leurs recherches. En tant qu'étudiants chercheurs indépendants, ils peuvent se sentir isolés. Je considère que mon rôle est de les soulager de leurs inquiétudes en matière de ressources et de références.

Les acquisitions

Nous souhaitons que la John Smyth Library serve de bibliothèque de recherche baptiste européenne. Nos acquisitions se concentrent sur les documents concernant les baptistes, écrits par les baptistes issus de toutes les communautés baptistes européennes, en anglais et dans d'autres langues. Le tout est ensuite complété par une collection exhaustive de monographies et de revues d'études baptistes. L'objectif est de fournir un lieu central en Europe où nous documentons l'histoire de la foi baptiste en Europe. Les projets futurs comprennent la numérisation de documents baptistes rares et anciens provenant de divers pays européens, afin de les rendre disponibles en accès libre avec une capacité de recherche du texte intégral, ce qui simplifiera les recherches doctorales et autres sur l'histoire de l'identité, de la mission et de la pratique baptistes. Ma tâche consiste à m'assurer que ces documents sont disponibles en interne avant même que les chercheurs ne réalisent qu'ils en ont besoin.

Les relations (inter)nationales

Notre bibliothèque s'inscrit dans un paysage international. Comme nous nous concentrons sur les études baptistes européennes, nos principaux réseaux se trouvent en Europe. Nous sommes connectés, à divers titres, aux réseaux de bibliothèques de théologie européen, néerlandais, britannique, allemand, français, eurasien et nord-américain. Cela a conduit à des partenariats importants qui se sont avérés bénéfiques pour nos doctorants.

En réfléchissant aux principes énoncés dans cet ouvrage, il semble que nous ayons tout fait dans le mauvais ordre. L'institution a pris des mesures et modifié des formations sans impliquer la bibliothèque dans la réflexion stratégique. (Étant des amoureux des livres, les dirigeants ont toutefois alloué un budget plus que suffisant pour l'achat de livres.) Ce manque d'implication a laissé le bibliothécaire avec 41 000 livres sans aucun étudiant sur le terrain pour les utiliser. Avec le recul, tous nos développements stratégiques sont nés d'une situation bancale dans laquelle aucune stratégie de bibliothèque ne fut élaborée lorsque l'institution a changé de direction. Certaines de ces erreurs ont toutefois pu être corrigées par la suite.

Parmi les cinq domaines énumérés dans ce livre, je pense que nous sommes aujourd'hui en phase avec les trois premiers.

Domaine 1 : intégration de la bibliothèque dans la planification d'un programme doctoral

Nous sommes privilégiés dans la mesure où nous avons réussi à remédier au problème d'une bibliothèque de ressources imprimées sans étudiants sur le terrain. Grâce à la DTL et à un budget satisfaisant, nous avons pu retourner la situation à notre avantage. Nous offrons des ressources électroniques étendues à nos étudiants tout en canalisant notre budget d'acquisition de documents imprimés vers une collection de base. Le programme de doctorat étant au cœur de l'institution, la bibliothèque se concentre sur les doctorants.

Domaine 2 : partenariats et coopération

Notre institution est encore très petite. Nous avons deux employés à temps plein et trois à temps partiel, soutenus par un éventail d'auxiliaires, de contractuels et de bénévoles. Cela nous permet de rester en contact étroit les uns avec les autres et de maintenir la bibliothèque au centre de l'action. Comme il s'agit d'une bibliothèque à personnel réduit, il est primordial pour moi de m'ancrer dans la communauté nationale et internationale des bibliothèques. Les relations étroites avec plusieurs universités théologiques confessionnelles aux Pays-Bas se sont avérées très enrichissantes. Nous partageons un catalogue collectif avec deux autres universités et apportons une perspective théologique académique évangélique et d'Église libre à une table essentiellement réformée. Sans nos relations internationales, nous ne serions pas devenus copropriétaires de la DTL, ce qui aurait rendu la vie bien plus difficile pour nos étudiants chercheurs.

Domaine 3 : développement et gestion des collections

Au cours des dernières années, j'ai beaucoup travaillé dans les domaines du développement des collections, du catalogage et des ressources électroniques. Depuis quatre ans, nous avons une politique documentaire qui a également donné lieu à un plan stratégique à long terme axé sur la sauvegarde du patrimoine baptiste pour l'avenir. Nous sommes passés à une nouvelle configuration de catalogue qui a rendu notre collection visible sur le site de WorldCat (www.worldcat.org). Cela nous a également permis d'accéder à un réseau national et international de PEB.

Les deux domaines suivants méritent encore une certaine attention dans notre institution.

Domaine 4 : le rôle du personnel de la bibliothèque

Je suis un bibliothécaire à temps partiel qui gère seul une bibliothèque entière. Cela impose de fortes contraintes sur mon temps et ne me permet pas de développer tout ce que j'aimerais pouvoir développer. Parfois, même les piles de documents à cataloguer peuvent être décourageantes, mais je suis sûr que cela arrive aussi dans les bibliothèques mieux dotées en personnel.

Domaine 5 : maîtrise de l'information dans les programmes doctoraux

Dans la mesure où nos étudiants sont titulaires d'un master 2, je peux m'attendre à un certain niveau de maîtrise de l'information de leur part. Mais le fait que les étudiants viennent du monde entier entraîne des niveaux très divers de maîtrise de l'information parmi eux. J'ai tendance à initier les étudiants chercheurs à la bibliothèque pendant leur première semaine d'études de troisième cycle à Amsterdam et j'essaie de traiter certaines questions de manière thématique. Cependant, nous pourrions tirer profit d'une approche plus approfondie et plus systématique pour aider les étudiants à garder le cap.

Conclusion

Je suis très enthousiaste quant à l'avenir de l'IBTSC et de la bibliothèque John Smyth. Nous avons traversé bien des étapes depuis que j'en ai franchi les portes pour la première fois en août 2014. Comme le révèle cette histoire, l'institution a échoué à de multiples reprises à prendre en compte les principes exposés dans ce livre pour réfléchir à son avenir. Nous nous sommes retrouvés dans des situations précaires où nos services proposés ne correspondaient pas aux besoins des étudiants. Je suis ravi que la bibliothèque ait atteint les normes requises dans plusieurs domaines, mais le travail n'est pas encore achevé. Puissent nos ressources, grâce au travail effectué par nos étudiants chercheurs, contribuer à la construction du royaume de Dieu. En ce sens, toute bibliothèque de théologie est missionnaire en soi.

5. Que voyons-nous ? Quelques réflexions sur les « récits de transition »

Katharina Penner, coordinatrice EAAA pour le développement des bibliothèques

1. Planifier un programme doctoral : avec – et surtout pas sans – la bibliothèque. Comme les témoignages ci-dessus de bibliothécaires de différentes parties du monde le démontrent amplement, l'introduction et le fonctionnement d'un programme de doctorat dans une école de théologie d'un pays du Sud exigent des efforts concertés et supposent un long processus stratégique[7]. Le programme doctoral aura une incidence sur tous les domaines de fonctionnement d'une école et il est donc utile d'accorder une grande attention à la planification systématique. La bibliothèque ne fait pas exception – son évolution vers un service de qualité pour le programme de doctorat exige une approche soigneusement réfléchie qui ne peut se faire du jour au lendemain. La mise à disposition de ressources de recherche est vitale pour les programmes de doctorat ; cependant, étrangement, les équipes de bibliothécaires ne sont souvent pas incluses dans les comités de développement des programmes concernés.

La logique qui sous-tend une telle décision présuppose que la direction aca-démique est suffisamment qualifiée pour penser et décider « pour » la biblio-thèque. Toutefois, comme le montrent les principes énoncés dans la première partie de cet ouvrage, d'autres domaines de la bibliothèque, au-delà de l'acquisi-tion, doivent faire l'objet d'une attention particulière pour offrir des services de qualité : en particulier, un personnel professionnel bien formé et une infrastruc-ture technologique adéquate. Cela est notamment dû aux changements technolo-giques constants et rapides, mais aussi à l'évolution des pratiques d'enseignement et de recherche, à l'évolution des attentes des étudiants et du corps enseignant, et à l'évolution des attentes à l'égard des diplômés pour la vie et le ministère dans une société fondée sur l'information. Pour toutes ces raisons, les bibliothécaires sont considérés comme des spécialistes de l'information et peuvent aider une école de théologie à soutenir efficacement la recherche des doctorants.

Dans le meilleur des cas, le bibliothécaire ou un membre du corps ensei-gnant responsable de la bibliothèque[8] fait partie du processus d'élaboration du programme de doctorat. De cette façon, il ou elle peut recueillir suffisamment d'informations sur le futur programme pour les transmettre au personnel de

---

7. La bibliothèque de l'IBTSC à Amsterdam ne se trouve pas vraiment dans le contexte des pays du Sud. Malgré sa position plus privilégiée, elle a néanmoins rencontré des pro-blèmes similaires ou pires pour servir les doctorants. La comparaison entre Hong Kong et les institutions théologiques d'Afrique, d'Asie ou d'Amérique latine, qui disposent de moins de ressources, est également très différente. Le but ici n'est pas de comparer les contextes, mais d'observer les problèmes auxquels les écoles et les bibliothèques sont confrontées lorsqu'elles lancent des programmes de doctorat, et de tirer les leçons des erreurs des uns et des autres.

8. Dans les pays du Sud, il n'est pas rare que le directeur de la bibliothèque ne soit pas un documentaliste, mais un membre du corps enseignant. De nombreuses questions liées à la bibliothèque sont décidées non pas dans la bibliothèque, mais par la direction de l'université. Le fait que le responsable soit une personne issue de ces deux mondes et familière avec les processus spécialisés de la bibliothèque peut constituer un modèle fonctionnel pendant un certain temps.

la bibliothèque et les avertir des attentes qui en découlent en termes de bibliothèque. Les attentes en matière d'« amélioration de la bibliothèque » sont bien présentes, mais elles sont souvent vagues, peu réfléchies et insuffisamment communiquées. Les cas de l'AIU et de l'ACSG démontrent clairement l'avantage d'inclure l'équipe de la bibliothèque, ou au moins un agent de liaison, dans le processus de développement, le plus tôt possible (voir le principe #1). Les bibliothécaires font partie intégrante du processus éducatif et veulent y contribuer au nom de la qualité et de son impact « missionnel ». S'ils sont inclus dans le développement et le fonctionnement des études doctorales, ils partagent une expertise précieuse issue de leur propre domaine professionnel et qui ne sera pas aussi manifeste pour les membres de la direction académique.

2. Normes d'accréditation. Le processus de développement d'un programme doctoral tiendra compte, dès le début, de normes d'accréditation pertinentes, celles définies par l'État pour ses universités nationales, ainsi que des directives applicables publiées par les organismes évangéliques d'accréditation. Il s'agit parfois d'exigences très spécifiques concernant les collections et l'espace, ainsi que les effectifs et les qualifications du personnel. Elles évoluent également au fil du temps et doivent être soigneusement suivies. Cet aspect a eu un impact significatif sur l'AIU (voir son histoire), qui a dû reclasser ses fonds (principe #9) et assurer le développement professionnel de son personnel (principe #12), ou sur l'ACSG, qui a dû élargir considérablement ses collections non anglaises (principe #8). Il arrive parfois que les normes d'accréditation qui concernent une bibliothèque soient vagues et insuffisamment explicites. La bibliothèque a donc tout intérêt à se comparer à des institutions similaires (au niveau national et international), afin que les diplômés de l'école puissent travailler efficacement dans des environnements compétitifs sur le plan international. Les normes d'accréditation pour ce diplôme le plus élevé prévoient souvent une comparabilité avec les universités d'État, ce qui n'est pas toujours réaliste pour les petites institutions évangéliques. L'objectif de ces normes est d'améliorer la qualité et l'équivalence des diplômes. Faire des économies dans le domaine des collections et des services de la bibliothèque conduit à une dévalorisation de la formation doctorale évangélique.

3. Des ressources imprimées ne suffiront pas. Le développement d'une bibliothèque en vue d'études doctorales est parfois considéré par l'administration universitaire comme incluant principalement l'achat de livres supplémentaires (voir les premières étapes de l'histoire de l'IBTSC). Il s'agit là d'une perspective « extérieure » assez limitée qui réduit une bibliothèque à un « lieu de stockage ».

Le développement des collections joue certes un rôle vital qui ne peut être surestimé (voir les principes #5 à 9), mais les ressources imprimées et une « collection de recherche[9] » classique ne suffiront pas au vu des sujets de doctorat spécifiques et individualisés. L'histoire de l'IBTSC démontre de manière frappante qu'une magnifique collection de documents imprimés n'a qu'une valeur limitée pour les étudiants à distance. Un bibliothécaire doit déployer des efforts considérables et consacrer énormément de temps à rendre une collection de documents imprimés utile en numérisant et en envoyant par courriel aux étudiants des chapitres de livres et des articles de revues imprimés (principe #11). Lors de la récente pandémie, de nombreuses bibliothèques du monde entier ont dû faire preuve d'imagination pour rendre accessibles aux utilisateurs leurs ressources imprimées, malgré les confinements et les restrictions de déplacement. Une collection de documents papier ne devient une ressource pour les étudiants et les enseignants que si elle est accompagnée de services pertinents qui ne peuvent être fournis que par des êtres humains – des bibliothécaires qualifiés.

La politique documentaire[10] comprendra l'acquisition de références spécifiques sous la forme de ressources électroniques pertinentes, de livres, de revues et de thèses (principe #8), et mentionnera la nécessité de prendre en compte les demandes individuelles de ressources par les directeurs de thèse et les doctorants (principe #7). Elle sera également complétée par une politique de « services aux doctorants » qui précise les modalités de fourniture des services de prêt entre bibliothèques (PEB) et de fourniture de documents (principe #4). Le personnel de la bibliothèque devra avoir la vision, l'attitude (compassion et pensée intuitive – envers les étudiants) et le temps, ainsi que l'équipement technologique, pour fournir ces services (principe #11). Les employés ouvriront aux étudiants tout

---

9. Souvent, ces « collections de recherche » comprennent principalement des titres qui semblent importants dans les écoles de théologie occidentales du fait de leur longue expérience – les professeurs recommandent l'achat de livres dont ils ont eux-mêmes bénéficié au cours de leurs propres études doctorales en Occident. Bien que ces ouvrages soient utiles, il convient de trouver un équilibre pour permettre une recherche doctorale contextuelle.

10. De nombreuses institutions des pays du Sud offrant des programmes de doctorat ont construit de grandes bibliothèques sans avoir de politique documentaire. Certaines ont rédigé une politique au cours du processus de développement de la bibliothèque (en documentant les décisions qui avaient été prises en cours de route) et d'autres l'ont rédigée après que le programme eut été mis en œuvre pendant un certain temps. Leur succès ne dépendait pas d'une politique préformulée, mais d'une coopération efficace et d'une communication poussée entre le corps enseignant, la bibliothèque et le comité de développement du programme doctoral. Même s'il existe une politique documentaire, le besoin de communication et de coopération restera indispensable. Cependant, une politique permet d'assurer la continuité et la cohérence du développement des bibliothèques, malgré les changements de personnel ou de direction.

l'univers de l'information, qu'il s'agisse de documents numériques ou imprimés, payants ou librement accessibles sur Internet. Cela nécessitera une page web bien conçue, des services de référence par courrier électronique et par messagerie et/ou la présence virtuelle de la bibliothèque dans le système de gestion de l'apprentissage de l'école théologique où les étudiants viennent régulièrement pour suivre certains cours. Les bibliothécaires ne limiteront pas les étudiants à leur propre expertise, mais les aideront à développer des compétences et des stratégies de recherche variées (principe # 14), afin d'être efficaces dans leur recherche, leur enseignement et leur ministère. Les services individuels, notamment en matière d'aide à la référence et au développement des compétences en matière d'information, tels que décrits dans le récit du CGST, sont très avantageux pour les étudiants doctoraux. Étant donné que les possibilités traditionnelles de rencontre physique se réduisent avec les études à distance, une réflexion imaginative sortant des sentiers battus serait la bienvenue.

4. Infrastructure de technologie d'information. À mesure que les collections s'étendent pour inclure des ressources électroniques, une coopération fructueuse avec le département informatique est essentielle. Il s'agit non seulement d'entretenir des relations amicales, mais aussi, comme le montre l'histoire de l'AIU, d'ajouter un spécialiste en informatique à l'équipe de la bibliothèque, ou de former spécifiquement un membre du personnel de la bibliothèque pour qu'il prenne en charge les fonctions liées à la technologie. Les logiciels de bibliothèque open source (Koha et d'autres sont mentionnés dans les articles) ont fait l'objet d'une attention particulière dans les écoles de théologie des pays du Sud, parce qu'ils sont supposés être « gratuits ». Même si le logiciel peut être téléchargé gratuitement sur Internet, l'installation, le transfert des données et la maintenance nécessitent un spécialiste en informatique qui coopère étroitement avec la bibliothèque.

5. La coopération est la clé ! Chaque témoignage souligne comment le succès des services de qualité envers les doctorants dépend fortement des partenariats et de la coopération – au niveau local, national et international (principe # 4). Les récits de l'AIU et du SAIACS soulignent à quel point la collaboration avec le corps professoral a été bénéfique pour le développement d'une collection qualitative (principe # 3). D'autres soulignent l'apport précieux et l'aide cruciale reçus de bibliothécaires occidentaux et autres au cours du processus de développement des programmes de doctorat. Le désir de partenariat est souvent orienté vers l'Occident, en raison des ressources et de l'expérience qui y sont disponibles ; les possibilités d'accréditation et le prestige souvent attribué en premier lieu aux institutions occidentales jouent également un rôle[11]. Comme l'a montré la pandémie, avec ses limites de déplacement, l'ancrage local est d'une importance vitale. Notamment pour les ressources contextuelles.

Chaque récit mentionne que la participation à des consortiums est un excellent moyen de partager des ressources, de s'engager dans le développement de collections partagées, d'avoir accès à des ressources électroniques, de gérer un catalogue collectif et de partager le travail de classification. Il existe parfois des possibilités de rejoindre des consortiums gérés par l'État ; cela suppose souvent l'accréditation de l'État et ajoute certaines stipulations (par exemple, pas de membres internationaux, voir le récit de l'IBTSC). Souvent, les relations personnelles entre les bibliothécaires de différentes écoles et associations facilitent ces partenariats. Les réseaux et les relations personnelles avec des bibliothécaires de différents endroits ouvrent également des portes pour obtenir des ressources pour les étudiants (voir le récit du SAIACS).

À mesure que la formation doctorale dans les pays du Sud gagne du terrain et mûrit, et que des centres postuniversitaires sérieux se développent dans diverses parties du monde, un engagement mondial et une coopération ou des accords bilatéraux seront appréciés. Les besoins et les difficultés de ces écoles de théologie des pays du Sud sont similaires, ou du moins plus comparables, à ceux des institutions occidentales disposant de ressources et de budgets plus importants. Ils font tous preuve de créativité et d'ingéniosité pour survivre et pour « faire plus avec moins », et cette expérience tout comme ces connaissances méritent d'être partagées. Dans chaque cas, la bibliothèque (et l'école de théologie) a été confrontée à des décisions difficiles et a dû envisager les plans A, B et C, puis, en fonction de sa situation contextuelle actuelle, a choisi comment aller de l'avant. Aucune expérience ne peut être dupliquée, mais on peut apprendre beaucoup de la dynamique du changement et de la transition, des erreurs commises et des solutions ingénieuses trouvées[12]. Toute institution qui lance un programme de doctorat devra faire face à ses propres dilemmes. Les principes exposés dans la première partie de ce livre et les récits de la seconde partie fourniront, nous

---

11. De nombreuses écoles de théologie des pays du Sud qui offrent aujourd'hui des programmes de doctorat ont été fondées par des missionnaires occidentaux ; leurs bibliothèques ont reçu une aide financière pour le développement provenant de l'Occident. Les initiatives nationales de formation doctorale qui ont vu le jour au cours des 5 à 10 dernières années ont plus de mal à s'imposer et sont confrontées à un environnement moins prévisible.

12. Même lors des discussions que notre groupe d'auteurs a eues au cours de la préparation de cet ouvrage, nous nous sommes souvent retrouvés à échanger nos expériences de résolution de problèmes similaires et à discuter des détails des approches enrichissantes adoptées par les différentes écoles.

l'espérons, des directives utiles et aideront les écoles et les bibliothécaires à éviter de commettre les mêmes erreurs.

6. Les bibliothécaires sont des pédagogues. Si les doctorants peuvent être considérés comme de simples étudiants avancés, pas très différents des autres étudiants de l'institution, il y a et il devrait y avoir une différence dans la façon de les traiter en tant que chercheurs en développement, collègues juniors, contributeurs originaux. Bien que les directeurs de thèse soient conscients des différentes approches lorsqu'ils encadrent des doctorants, certaines fonctions de la bibliothèque, par exemple la formation à la maîtrise de l'information, pourraient devoir être repensées en tenant compte de cette perspective (principe #14). Le corps enseignant et le personnel de la bibliothèque devront travailler main dans la main dans ce domaine en complétant leurs compétences et leurs mentalités respectives, afin de façonner les compétences de recherche et de réflexion des étudiants à partir de leurs différents contextes et perspectives (principe # 15). Il arrive que la nécessité d'une orientation des étudiants et d'une formation à la documentation devienne flagrante pour les bibliothécaires lorsqu'ils travaillent avec des étudiants issus de milieux éducatifs très divers. Certains témoignages révèlent que les étudiants qui ont déjà étudié dans d'autres établissements, qui ont quitté l'école depuis un certain temps et/ou qui se sentent intimidés par les avancées technologiques ont besoin d'un encadrement particulier. C'est aux bibliothécaires (les professeurs sont souvent trop occupés) de développer des initiatives globales pour aider les étudiants à acquérir et à maintenir des compétences technologiques et de recherche (principe #13). Mais les professeurs doivent également être étroitement associés à la formation en tant que spécialistes du sujet, qui peuvent rendre les questions abordées directement pertinentes pour le sujet de l'étudiant. Souvent, les doctorants des pays du Sud ont du mal à utiliser l'anglais comme langue de recherche et d'écriture, de sorte que la navigation dans les ressources de recherche en anglais dans tous les supports nécessite une assistance supplémentaire. Plusieurs récits soulignent les avantages d'un personnel de bibliothèque ayant obtenu un doctorat et connaissant bien le processus de recherche (principe #12). Cela permet de planifier des interventions plus efficaces en matière de maîtrise de l'information et constitue une aide précieuse pour l'aide à la recherche et au développement des collections.

7. Nous en venons au bon vieil argent ! Dans chacune des écoles de théologie décrites, les bibliothécaires coopèrent avec les responsables des finances, que ce soit pour les opérations quotidiennes ou même pour la collecte de fonds. Il est très utile que la collecte de fonds soit prise en charge par un comité distinct (voir l'histoire de l'AIU). Les bibliothécaires doivent néanmoins s'impliquer en présentant les besoins réels de la bibliothèque, en travaillant avec les donateurs, et aussi en développant des moyens créatifs de promouvoir les besoins de la bibliothèque auprès des personnes intéressées, tout en recherchant des subventions et des dons. Alors que l'administration de l'école peut essentiellement se concentrer sur les dépenses liées aux livres, au mobilier et aux salaires, les bibliothécaires doivent attirer l'attention des responsables du budget sur d'autres domaines essentiels qui nécessitent un investissement, tels que la formation aux compétences en matière de technologies de l'information et le développement professionnel.

Ces témoignages provenant de différents continents soulignent que les bibliothèques de théologie peuvent exercer une influence formatrice et avoir un impact significatif sur le royaume de Dieu. Des ressources qualitatives pertinentes sont essentielles pour soutenir la recherche originale des doctorants et le développement de nouvelles connaissances. Il ne faut surtout pas sous-estimer la position clé du bibliothécaire ou de l'équipe de bibliothécaires en tant que personnes qui, dotées de compétences en matière de recherche et d'orientation, et d'une bonne attitude, sont le lien entre les êtres humains, les ressources et la technologie. Les institutions des pays du Sud qui envisagent de lancer un programme doctoral ou d'évaluer leurs bibliothèques et leurs processus éducatifs tireront profit de l'expérience collective et des principes de bonnes pratiques présentés dans ces récits.

Annexes

Annexe 1

Profil des candidats au doctorat dans les pays du Sud

*Katharina Penner, coordinatrice EAAA pour
le développement des bibliothèques*

Il n'y a pas de « doctorant type » lorsqu'il s'agit de compétences en matière de recherche et d'utilisation des bibliothèques. Les approches de la recherche d'informations varient considérablement d'un étudiant à l'autre, en fonction de l'apprentissage et de l'exposition antérieure, de leur histoire de vie personnelle, de leur expérience des écoles, de la recherche et des bibliothèques, et du temps écoulé depuis la fin de leurs études dans une institution. Néanmoins, les études axées sur les chercheurs (définis comme des doctorants, des étudiants postdoctorants, des enseignants-chercheurs) et leur utilisation des bibliothèques et des ressources d'information continuent d'identifier certaines similitudes, qu'il est utile de prendre en compte lors de la planification et de l'exploitation des services de bibliothèque pour les étudiants de troisième cycle.

Il existe plusieurs études utiles portant sur les étudiants chercheurs en général et quelques-unes sur les théologiens en particulier[1]. La plupart de ces

---

1. Cf. par exemple : « The Value of Libraries for Research and Researchers », un rapport de RIN et RLUK, mars 2011, https://www.rluk.ac.uk/portfolio-items/the-value-of-libraries-forresearch-and-researchers ; Lucinda Covert-Vail et Scott Collard, « New Roles for New Times. Research Library Services for Graduate Students », Association of Research Libraries, 2012, http:// www.arl.org/rtl/plan/nrnt ; Danielle Cooper et

études ont été menées en Occident, et leurs résultats ne sont donc pas directement transposables à la formation doctorale évangélique dans les pays du Sud. Néanmoins, ces recherches fournissent des indications utiles et stimulent la poursuite de l'observation et de la réflexion. Le résumé qui suit est basé sur des études, un engagement direct avec des doctorants en théologie et des données anecdotiques provenant de diverses régions du monde. Il tente de dégager les principales caractéristiques de l'utilisation des bibliothèques et des pratiques de recherche des doctorants. Celles-ci ont servi de points de discussion dans la formulation des principes de la première partie de ce livre pour les bonnes pratiques des bibliothèques qui servent les étudiants de doctorat en théologie dans les pays du Sud.

Utilisation des ressources

Les étudiants en théologie, comme leurs homologues en sciences humaines, apprécient les ressources imprimées lorsqu'elles sont disponibles[2]. Cependant, on attend de plus en plus de la bibliothèque qu'elle fournisse également l'accès à des ressources électroniques pertinentes accessibles depuis les ordinateurs des étudiants.

De nombreuses ressources académiques utiles sont disponibles sur Internet gratuitement ou à faible coût, ce qui ajoute à la commodité et à la facilité d'accès. Pour découvrir des ressources utiles, les étudiants utilisent généralement des outils de recherche électroniques. Avec la pratique, ils deviennent plus habiles et confiants dans l'utilisation des ressources en ligne[3]. Finalement, Internet est plus souvent visité que les bibliothèques universitaires ; une bibliothèque n'est qu'une option parmi d'autres pour trouver l'information et y accéder. Pour les bibliothèques de théologie des pays du Sud, moins riches en ressources, c'est un

---

Roger SCHONFELD, « Supporting the Changing Research Practices of Religious Studies Scholars », Ithaka S+R, 8 février 2017, https://doi. org/10.18665/sr.294119.

2. Les documents imprimés sont plus propices à la réflexion et mettent l'accent sur la linéarité de la pensée (ce qui est une compétence importante lorsqu'il s'agit de construire des plans et d'organiser ses propres écrits autour d'un énoncé de thèse de manière logique et successive). Les documents imprimés invitent à surligner et à annoter, à passer d'une section à l'autre et à établir des liens entre les idées.

3. Ce n'est pas le cas pour tous les étudiants de troisième cycle. En fonction de l'exposition antérieure aux ressources électroniques, de la période écoulée depuis que les étudiants ont quitté l'école, et d'autres facteurs, certains éprouvent des difficultés. Les étudiants peuvent être tout à fait compétents avec les smartphones et d'autres technologies, mais lorsqu'il s'agit de catalogues, de bases de données et de systèmes de gestion de l'apprentissage, qui sont plus structurés et attendent des formes différentes d'intuition et de navigation, il y a certains blocages en ce qui concerne la compréhension et l'utilisation.

réel défi. Pour rester compétitives et pertinentes[4], elles doivent identifier des services à valeur ajoutée particuliers, avec une touche humaine, pour attirer les doctorants vers ses ressources.

En général, Google et les plates-formes similaires sont le premier arrêt pour les étudiants aux premiers stades de la recherche, pour des raisons de facilité d'utilisation et de familiarité avec ces plates-formes dans les recherches quotidiennes n'ayant pas de rapport avec le travail universitaire[5]. Google Scholar est parfois plus rapide (en raison de son indexation automatique) que d'autres services, tels que Scopus ou Web of Science, pour indexer les nouvelles recherches. Le plus souvent, les étudiants des pays du Sud n'ont pas accès à ces bases de données indexées coûteuses. Après une première exploration et un élargissement du cercle de leurs recherches, les doctorants arriveront finalement aux catalogues des bibliothèques et aux bases de données universitaires. Bien souvent, celles-ci ne sont pas utilisées pour la découverte, mais plutôt pour localiser et accéder à des ressources trouvées par d'autres moyens. Le fait que les étudiants ignorent l'existence et les avantages des bases de données universitaires et que la bibliothèque n'assure pas une promotion efficace de ces outils peut expliquer l'utilisation minimale des bases de données en libre accès ou payantes que les bibliothécaires constatent.

Les types de documents utilisés le plus souvent par les étudiants de troisième cycle sont des articles de journaux[6], des chapitres de livres, des comptes rendus de conférences et des monographies. En raison de l'accès limité aux ressources imprimées et/ou numériques dans les pays du Sud, et en fonction de la culture académique des universités d'État du pays, les étudiants ont moins de scrupules à utiliser des sources qui sont perçues comme moins académiques en Occident, telles que les sites web, les blogs, etc. Les étudiants apprécient avant tout les nouvelles recherches, mais ils sont également reconnaissants de recevoir des

---

4. Si les bibliothèques ne répondent pas à cette tendance et ne proposent pas de ressources électroniques ou ne conçoivent pas de services attrayants pour les utilisateurs, elles sombreront effectivement dans la désuétude. Une bibliothèque de niveau doctoral doit cibler et optimiser ses services, personnaliser son soutien aux doctorants et trouver des moyens supplémentaires de soutenir la recherche.

5. Au lieu de se plaindre des inconvénients de Google (et il y en a beaucoup !), les bibliothécaires feraient mieux d'aller à la rencontre des étudiants et de leur proposer des formations pour une utilisation plus efficace des produits Google (Recherche, Google Scholar, Google Livres, etc.).

6. D'habitude (mais pas toujours !), les articles sont les plus consultés, parce qu'ils fournissent des informations actuelles et controversées qui font avancer la discussion, qui est inhérente au processus de thèse. Mais, souvent, les livres/monographies occupent une place de choix pour les étudiants des institutions des pays du Sud, peut-être parce que les revues théologiques, en format papier ou numérique, sont moins accessibles.

conseils d'« experts en la matière » reconnus. Les réseaux universitaires personnels sont importants pour trouver des recherches nouvelles et pertinentes, mais au début du processus de recherche, ils ne sont pas encore bien développés, de sorte que les étudiants s'en remettent à leurs directeurs de thèse ou à leurs pairs, et parfois aussi à des services d'alerte. Les thèses doctorales sont très utiles en début de recherche, car les étudiants doivent établir l'originalité de leur recherche et trouver leur voie. La bibliothèque se doit de répondre à ce besoin et de rechercher les thèses en libre accès que les établissements qui délivrent des diplômes et d'autres plates-formes commencent à rendre disponibles dans des banques de données en libre accès.

Les facteurs contextuels influencent la recherche de l'information et son utilisation. Les étudiants, confrontés aux pressions académiques d'un doctorat et aux difficultés pour obtenir les bonnes ressources, sont toujours à la recherche de solutions alternatives – certains sont plus créatifs et réussissent mieux que d'autres. Et certains disposent déjà de vastes bibliothèques personnelles (imprimées et numériques). Cependant, ces bibliothèques ne sont pas suffisantes pour les études de doctorat, et le travail de constitution de bibliothèques personnelles se poursuit tout au long du processus de recherche[7]. Étant donné que le processus de collecte personnelle d'un individu peut être désordonné et non systématique (tout ce qui lui tombe sous la main !), ces ressources ne sont pas toujours bien organisées ou cataloguées, et elles sont dispersées dans divers formats sur diverses plateformes (parce qu'aucune clé USB, aucun disque externe ou service en nuage n'offre suffisamment d'espace libre pour le stockage)[8].

Utilisation des services de la bibliothèque

Les doctorants n'utilisent la bibliothèque physique que de manière limitée. Les causes en sont nombreuses et variées, comme parfois le manque d'espace d'étude dans la bibliothèque, sa distance géographique pour les étudiants éloignés, le fait que la population d'utilisateurs de la bibliothèque est principalement

---

7. D'autres raisons justifient la constitution d'une bibliothèque personnelle : la bibliothèque de l'établissement où l'étudiant est inscrit peut ne pas disposer de ressources suffisantes pour les études de doctorat, le sujet de l'étudiant peut être très spécialisé, les étudiants étudient à une distance géographique importante de la bibliothèque, les étudiants veulent disposer de ressources sur lesquelles ils pourront s'appuyer après avoir obtenu leur diplôme, et enfin, la bibliothèque ne dispose pas d'un plan pour les anciens étudiants.

8. Le rapport d'Ithaka mentionne la même démarche de constitution de bibliothèques personnelles pour les théologiens occidentaux, il semble donc s'agir d'une caractéristique de la discipline et non de contextes particuliers.

composée d'étudiants de premier cycle, ou encore des expériences négatives antérieures dans une bibliothèque. Cependant, si l'on tient compte de leurs besoins, ils accordent une grande importance à l'espace physique de la bibliothèque. De nombreux doctorants des pays du Sud n'ont pas de bureau personnel ou craignent d'être « repérés » et interrompus lorsqu'ils tentent d'y étudier. Ils sont aussi souvent limités dans leurs conditions de vie. Ils aiment donc utiliser l'espace de la bibliothèque pour étudier au calme, si la bibliothèque offre un espace disponible, protégé et personnalisable. La bibliothèque physique est également appréciée en tant que lieu de rencontre et d'échanges avec des collègues chercheurs.

La commodité ainsi que la facilité d'utilisation et d'accès sont des facteurs très importants, et tout type de service offert par la bibliothèque doit en tenir compte. Les étudiants chercheurs sont toujours pressés par le temps[9] et ont tendance à choisir le chemin de la facilité. Si une ressource imprimée ou électronique n'est pas immédiatement disponible ou accessible, elle sera probablement ignorée, surtout après quelques tentatives infructueuses pour la récupérer, la commander ou y accéder. Une exposition antérieure à la recherche ainsi qu'une expérience préalable des bibliothèques, des catalogues et des bases de données universitaires influencent positivement la façon dont les doctorants effectuent leurs recherches. Mais le manque de temps est un facteur négatif, qui rend leur recherche moins optimale.

Une préférence pour l'utilisation de sources électroniques ne signifie pas que les étudiants sont compétents et efficaces dans leur utilisation, même s'ils se considèrent suffisamment préparés. Comme ils ne peuvent généralement consacrer que peu de temps de qualité à la recherche et au travail sur la thèse, ce fait, combiné à une ignorance partielle des moyens efficaces de localiser des documents qui ne sont pas facilement disponibles, entraîne une frustration ou une anxiété face au risque de laisser passer des informations importantes.

Néanmoins, les doctorants préfèrent presque toujours effectuer leurs recherches eux-mêmes. Cela peut s'expliquer par la définition précise des sujets de recherche, par leur spécialisation toujours plus poussée dans leur domaine, et peut-être parce qu'ils estiment qu'à ce stade de leur carrière universitaire, ils devraient être devenus indépendants et autonomes. Selon l'étape où ils en sont, on peut observer différents comportements de recherche. Au début, la recherche

---

9. Bien qu'il s'agisse d'un phénomène courant – un étudiant en théologie de troisième cycle doit généralement vivre et faire face aux attentes de différents « mondes » : ministère, emploi, études, famille –, les pressions deviennent encore plus palpables lorsqu'on y ajoute les pressions économiques et politiques des pays du Sud.

est assez aléatoire et non systématique ; on vérifie les références et les bibliographies des ressources utiles pour en trouver d'autres. Les recherches deviennent plus organisées, différenciées et stratégiques à des stades ultérieurs, parfois sous la direction d'un directeur de thèse, parfois parce que certains aspects du sujet sont devenus plus clairs et que des lacunes évidentes ont été définies. Différentes stratégies sont utilisées de manière itérative, avec plus ou moins de profondeur et de précision, en fonction du stade de la recherche et des besoins en information.

En dépit de leur réticence à demander de l'aide, les étudiants en demandent. En général, leurs directeurs de thèse, leurs professeurs et leurs pairs sont leurs premiers points de contact. Les doctorants s'adressent moins souvent aux bibliothécaires pour obtenir de l'aide, en partie à cause de la gêne qu'ils éprouvent à paraître incompétents, en partie à cause d'une perception exagérée de leurs propres compétences, ou encore en raison d'une relation moins collégiale avec le personnel de la bibliothèque qu'avec le directeur de thèse ou le corps enseignant. Peut-être les étudiants pensent-ils que les bibliothécaires ne peuvent pas être suffisamment informés sur leur sujet spécifique. Et ils ont raison : un bibliothécaire n'aura pas de réponse toute faite, mais il peut former les étudiants sur la manière de rechercher les bonnes sources à l'aide de diverses technologies. Les étudiants diplômés apprécient l'aide à la recherche, les prêts entre bibliothèques et les autres services qu'elles offrent. Ils les utilisent plus souvent après des séances de formation utiles ou après avoir vécu une bonne expérience avec un bibliothécaire compétent. Les employés des bibliothèques doivent établir des relations avec les doctorants de manière proactive et devenir des membres de confiance dans leurs réseaux. Ils doivent être des membres connus de la communauté universitaire, maîtriser les réseaux sociaux, être disponibles dans la bibliothèque physique, paraître (et être) compétents, et devenir des partenaires de dialogue avec les doctorants, notamment en posant des questions différentes de celles que pose habituellement un directeur de thèse.

De nombreux étudiants ne savent pas ce que leur bibliothèque peut faire pour eux. La bibliothèque doit mener une campagne d'information dynamique et créative pour promouvoir sa capacité à personnaliser ses services, afin de répondre aux besoins de chaque doctorant. Si les outils de découverte numériques sont privilégiés, les tutoriels numériques, les services de discussion en ligne et un site web convivial et riche en informations seront d'une grande utilité. La bibliothèque doit faire connaître ses ressources et ses services aux étudiants. Souvent, une approche individualisée et un bon timing sont la clé.

Parce que le temps presse, il est peu probable que les doctorants assistent aux ateliers ou séminaires généraux proposés par la bibliothèque. Ils préfèrent une formation au moment où ils en ont besoin, « à la demande », notamment lorsqu'ils ont une question ou se sentent bloqués. À mesure qu'ils progressent dans leurs recherches, les doctorants voient leur identité et leur perception d'eux-mêmes changer. Ils acquièrent de l'expertise et passent lentement mais sûrement du statut d'étudiant à celui de chercheur. Pour que la bibliothèque puisse communiquer efficacement et apporter une formation appropriée dans la vie de l'étudiant, celui-ci doit être traité avec respect et jamais de manière condescendante ou dévalorisante, quelles que soient ses compétences, ses connaissances et son attitude.

Annexe 2

Réseaux de bibliothèques

Pieter van Wingerden, bibliothécaire de l'IBTSC

La coopération entre les bibliothèques est un sujet qui revient souvent dans cet ouvrage, tant dans les principes évoqués que dans les témoignages des bibliothécaires. Toute bibliothèque est établie pour servir une certaine communauté étroitement définie. Dans notre contexte, les bibliothèques servent une communauté impliquée dans l'enseignement et la recherche théologiques. Parfois, ces communautés sont strictement confessionnelles, parfois elles sont associées à une branche spécifique de la famille chrétienne, parfois aussi elles ont une portée plus large. Nos profils de gestion du fonds documentaire reflètent cet état de fait en décrivant les choix que nous faisons dans nos acquisitions, des choix qui, selon nous, serviront au mieux notre communauté spécifique. Mais quelle que soit l'importance de nos budgets, il y aura toujours des personnes de nos communautés qui auront besoin de ressources qui ne sont pas présentes dans nos propres collections. Et c'est pourquoi les bibliothécaires aiment les réseaux !

Tout comme les bibliothécaires sont toujours prêts à répondre aux besoins de leurs usagers, une serviabilité similaire existe entre les bibliothécaires. C'est notre rôle de nous assurer que nos étudiants, nos professeurs et nos chercheurs disposent des ressources dont ils ont besoin pour mener à bien leurs études. Nous croyons fermement que leur recherche et leur formation constituent un outil important pour l'Église, afin de construire le royaume de Dieu. À ce titre, fournir ces ressources est la mission de vie de nombreux bibliothécaires. Parce que nous savons que nous avons besoin de nos collègues pour maintenir notre propre communauté en ressources, nous réalisons qu'eux aussi ont besoin de notre aide pour maintenir leurs communautés en ressources.

Les réseaux de bibliothèques sont généralement organisés au niveau régional, national et continental, parfois aussi au niveau confessionnel. Il est essentiel pour une bibliothèque d'être membre d'au moins l'un de ces réseaux. S'il n'existe pas de réseau national, il y a généralement la possibilité de devenir membre direct d'un réseau continental. La plupart de ces réseaux organisent un colloque (bi)annuel où les bibliothécaires théologiques de différents types de bibliothèques se réunissent pour discuter de questions pratiques en matière de bibliothéconomie. Parfois, ces colloques sont organisés autour d'un thème. Des exemples de tels thèmes sont le droit d'auteur, la numérisation, le libre accès, l'indexation par sujet, l'amélioration du service aux usagers, etc.

Pour de nombreux bibliothécaires, ces colloques sont un lieu d'inspiration, de partage avec des collègues, d'apprentissage et de développement professionnel. Les ressources investies (frais de voyage, frais de conférence) pour permettre au bibliothécaire de se rendre à ces conférences sont très modestes par rapport aux résultats à long terme. Rencontrer des collègues des quatre coins du pays ou du continent cimente des relations qui ne font que se renforcer à mesure qu'ils interagissent et s'entraident. Ces relations personnelles et ces amitiés loyales sont précieuses lorsqu'un étudiant a besoin d'une ressource ; elles ouvrent également la voie à des accords institutionnels. Grâce à ces réseaux, les bibliothécaires issus de contextes différents peuvent bénéficier d'un soutien mutuel.

Les expressions les plus populaires de ce type de soutien mutuel sont les listes de diffusion. Presque toutes les associations (inter)nationales de bibliothèques de théologie ont une liste de diffusion qui permet à leurs membres de rester en contact les uns avec les autres. Et ce sont ces listes de diffusion qui constituent le coffre à trésor secret de tout bibliothécaire. Lorsqu'un étudiant a besoin d'une ressource spécifique, nous pouvons utiliser nos réseaux pour savoir si un collègue dans une autre institution, peut-être dans un autre pays, voire sur un autre continent, pourrait partager cette ressource avec nous. Parce que tous les bibliothécaires sont (ou devraient être) profondément attachés au service, nous apprécions ces demandes et fournissons souvent un effort supplémentaire pour aider nos collègues à servir leurs clients.

Pour certaines bibliothèques de théologie, ces réseaux informels sont leurs principales sources de soutien de la part de leurs collègues. En outre, de nombreuses bibliothèques de théologie font également partie de réseaux plus formels. Comme nous l'avons vu dans les récits de nos bibliothèques, certains d'entre nous font partie de réseaux nationaux de prêts entre bibliothèques ; certains d'entre nous participent à des projets nationaux de catalogage ; et certains d'entre nous partagent des ressources électroniques avec une ou plusieurs autres bibliothèques. Ces activités de coopération sont organisées de manière plus formelle et nécessitent généralement la signature de contrats ou de protocoles d'accord entre les institutions. Toutefois, avant de signer, un changement de mentalité s'impose parfois. Tout le monde aime emprunter, mais tout le monde n'aime pas forcément prêter ! La confiance est un aspect fondamental à prendre en compte, et elle n'est parfois pas facile à établir, peut-être en raison de déceptions antérieures, de règles administratives strictes, de contraintes de temps et d'autres problèmes. Dans certaines régions du monde, il se peut que les négociations au niveau administratif n'aboutissent pas dans un premier temps, et les relations personnelles entre proches ou camarades de classe peuvent donc être cruciales.

Étant donné que ces types de réseaux sont si divers dans ce qu'ils tentent d'accomplir et si utiles à la mission d'une bibliothèque de théologie donnée, chaque bibliothèque aura ses propres réseaux. Pour certaines, il sera beaucoup plus important d'avoir des relations internationales que pour d'autres. Certaines bibliothèques dépendent fortement d'un programme national de PEB, tandis que d'autres utilisent exclusivement des listes de diffusion pour répondre aux besoins des usagers qui ne peuvent être satisfaits par les collections de la bibliothèque. Là encore, pour assurer une coopération à long terme entre bibliothèques, une institution doit penser à la mutualité et à l'équité, et ne pas tenter de couvrir les besoins de ses étudiants et de ses professeurs en s'appuyant complètement sur les ressources des autres sans investir dans le développement de sa propre bibliothèque. Il n'en demeure pas moins que le point commun entre tous les récits de ce guide est le fait qu'aucune de nos bibliothèques ne pourrait atteindre le niveau de service qu'elle offre actuellement à sa communauté sans les réseaux formels et informels, nationaux et internationaux dont elle fait partie. L'ouvrage que vous avez entre les mains est le résultat direct de l'existence de ces réseaux. Nous encourageons votre institution et votre bibliothèque à étudier les réseaux dans votre propre contexte. Ils constituent un soutien essentiel pour que votre bibliothèque puisse accomplir sa mission.

Pour aller plus loin

ACL, *Library Guidelines for ABHE Colleges and Universities*, Cedarville, Association of Christian Librarians, 2016.

Association of College and Research Libraries, « Framework for Information Literacy for Higher Education », Chicago, American Library Association, 2016, http://www.ala.org/acrl/standards/ilframeworkapps.

Association of College and Research Libraries, *Information Literacy Competency Standards for Higher Education*, 2000, http://www.ala.org/acrl/standards/informationliteracycompetency.

BADKE William, « The Framework for Information Literacy and Theological Education: Introduction to the ACRL Framework », *Theological Librarianship* 9, n°2, 2015, p. 4-7, https://serials.atla.com/theolib/article/view/2392.

BADKE William, *Teaching Research Processes. The Faculty Role in the Development of Skilled Student Researchers*, 2ᵉ éd., St. Louis, En Route Books and Media, 2021.

COOPER Danielle, SCHONFELD Roger C., et al., « Supporting the Changing Research Practices of Religious Studies Scholars », Ithaka S+R, 8 février 2017, doi:10.18665/sr.294119.

COVERT-VAIL Lucinda, COLLARD Scott, « New Roles for New Times. Research Library Services for Graduate Students », Association of Research Libraries, 2012, https://www.arl.org/wp-content/uploads/2012/12/nrnt-grad-roles-20dec12.pdf.

ĆURIĆ Matina, sous dir., *Introduction to Theological Libraries*, The Theological Librarian's Handbook, vol. 1, Chicago, ATLA Open Press, 2020, doi:10.31046/atlaopenpress.34.

DETAR Melody Diehl, « Theological Librarianship from a Distance », *Theological Librarianship* 8, n°2, 2015, p. 11-15, doi:10.31046/tl.v8i2.390.

DUNKLY James, « Theological Libraries and Theological Librarians in Theological Education », dans *Summary of Proceedings. Forty-fifth Annual Conference of the American Theological Library Association*, sous dir. Betty A. O'Brien, Evanston, American Theological Library Association, 1991, p. 227-231.

GALE Michael, REEKIE Carol, *ABTAPL Guidelines for Theological Libraries*, Cambridge, ABTAPL Publishing, 2008, https://abtapl.org.uk/wp-content/uploads/2017/08/GuidelinesForTheologicalLibraries2008.pdf.

GRAGG Douglas L., « Charting a Course for Information Literacy in Theological Education », *American Theological Library Association Summary of Proceedings* 58, 2004, p. 50-53.

ICETE, « Standards and Guidelines for Global Evangelical Theological Education, 2019 », https://icete.info/wp-content/uploads/2019/04/Standards-and-Guidelines-for-Global-Evangelical-Theological-Education-2019.pdf. Édition révisée de 2021 : https://icete.info/wp-content/uploads/2023/04/Standards-and-Guidelines-for-Global-Evangelical-Theological-Education-2021.pdf.

International Federation of Library Associations and Institutions, « Grandes lignes directrices d'une politique de développement des collections – à partir du modèle conspectus », 2001, https://repository.ifla.org/bitstream/123456789/53/1/gcdp-fr.pdf.

MAYER Robert J., « Theological Librarians and Collection Management. Collaborative Policy Development », *Theological Librarianship* 11, n°2, octobre 2018, doi:10.31046/ tl.v11i2.530.

McMAHON Melody Layton, STEWART David R., sous dir., *A Broadening Conversation. Classic Readings in Theological Librarianship*, Lanham, Scarecrow Press, 2006, doi:10.31046/atlapress.27.

Research Libraries UK, « The Value of Libraries for Research and Researchers », A RIN and RLUK report, mars 2011, https://www.rluk.ac.uk/wp-content/uploads/2014/02/Value-of-Libraries-report.pdf.

SHAW Ian J., CUNNINGHAM Scott, OTT Bernhard, *Bonnes pratiques pour la formation doctorale en théologie*, Carlisle, Langham Global Library, 2018.

SMILEY Bobby, sous dir., *Information Literacy and Theological Librarianship. Theory & Praxis*, Chicago, ATLA Open Press, 2019, doi:10.31046/atlaopenpress.33.

WHIPPLE Caroline, « Collection Development in a Theological Research Library », dans *A Broadening Conversation. Classic Readings in Theological Librarianship*, sous dir. Melody Layton McMahon et David R. Stewart, Lanham, Scarecrow Press, 2006. Republié en 2019 en format électronique par l'American Theological Library Association, doi:10.31046/atlapress.27.

Les auteurs

David Baer est professeur d'Ancien Testament et de langues bibliques au Biblical Seminary of Colombia. Il dirige également la Theological Education Initiative et est professeur invité à la faculté de l'Arab Baptist Theological Seminary, à Beyrouth, au Liban. David a consacré sa vie d'adulte à la formation théologique et à la direction d'organisations, ayant été président de l'ESEPA Seminary du Costa Rica et de l'Overseas Council. Il est titulaire d'un doctorat de l'Université de Cambridge, d'un doctorat en théologie (MDiv) du Gordon-Conwell Theological Seminary et d'une licence du Wheaton College, aux États-Unis.

Steve Chang (PhD, Aberdeen) est professeur de Nouveau Testament et directeur du programme de doctorat de l'université Torch Trinity Graduate à Séoul, en Corée. Il est actuellement co-président du Comité de pilotage de l'initiative doctorale de l'ICETE. Il est co-auteur des ouvrages suivants : *A Hybrid World. Diaspora, Hybridity, and Missio Dei* (2020) et *Scattered and Gathered. A Global Compendium of Diaspora Missiology* (2020).

Melody Mazuk a travaillé pendant de nombreuses années en tant que bibliothécaire théologique et consultante en bibliothèque de théologie dans des endroits merveilleux et variés. Elle a trouvé dans la bibliothéconomie théologique la rencontre parfaite entre sa vocation (la bibliothéconomie) et sa passion (la théologie). Elle a étudié à l'Université Baylor, à l'Université de Pittsburgh, à l'IBTSC (Rüschlikon) et à l'Eastern Seminary. En plus de son travail de bibliothécaire, elle a également été accréditrice de confrères pour l'Association of Theological Schools aux États-Unis et au Canada et pour la Commission on Higher Education/ Middle States Association, ainsi que membre de la Commission on Accrediting (ATS) et membre du conseil d'administration de l'American Theological Library Association.

Ephraim Mudave est le bibliothécaire de l'Africa International University à Nairobi, au Kenya, où il est membre du conseil d'administration et du conseil académique. Il est membre du comité d'examen des pairs de la Commission for University Education in Kenya pour les questions relatives aux bibliothèques, et parrain de la Christian Association of Librarians in Africa, au Kenya. Ephraim a travaillé dans des bibliothèques de théologie pendant plus de vingt-six ans, principalement à des postes de direction. Il enseigne également à temps partiel. Il est titulaire d'un doctorat en sciences de l'information de l'Université du

Kwazulu-Natal, en Afrique du Sud, d'une maîtrise en missiologie de l'African International University, d'une maîtrise en bibliothéconomie de l'Université d'Indiana, à Bloomington, et d'une licence en sciences de l'information de la Moi University, au Kenya.

Katharina Penner est née au Kirghizstan soviétique et vit à Vienne. Elle est titulaire de deux masters – l'un en théologie et l'autre en bibliothéconomie – et prépare un doctorat en formation théologique. Ces trente dernières années, elle a travaillé dans des écoles de théologie à Saint-Pétersbourg, en Russie, à Prague, en République tchèque et en Autriche, en tant que membre du corps enseignant et directrice de bibliothèque. Depuis 2016, elle occupe le poste de coordinatrice du développement des bibliothèques à l'Eurasian Accrediting Association et participe à plusieurs projets d'écriture en tant qu'auteure et coordinatrice.

Yesan Sellan est bibliothécaire en chef au South Asia Institute of Advanced Christian Studies (SAIACS), qui propose des programmes de troisième cycle et de doctorat en études bibliques, en théologie et en missiologie. Avant de rejoindre SAIACS, il était bibliothécaire au Serampore College, en Inde. Le Dr Sellan est titulaire d'un doctorat en bibliothéconomie et sciences de l'information de la Bharathidasan University, Tiruchirappalli, en Inde. Il a été secrétaire du Forum of Asian Theological Librarians (ForATL) et occupe actuellement le poste de secrétaire exécutif de l'Indian Theological Library Association (ITLA). Le Dr Sellan a publié de nombreux articles, animé de nombreux ateliers et participé à des conférences internationales tenues aux États-Unis, au Canada, en Corée du Sud, en Thaïlande, au Népal, en Indonésie et à Singapour, où il a présenté divers articles.

Joyce Wai-Lan Sun est professeure associée à la China Graduate School of Theology (CGST) à Hong Kong. Elle a obtenu son doctorat en études du Nouveau Testament à l'Université d'Édimbourg, au Royaume-Uni, et est l'auteure de *This Is True Grace. The Shaping of Social Behavioural Instructions by Theology in 1 Peter* (2016). Elle a également occupé le poste de bibliothécaire du CGST de 2013 à 2021.

Pieter van Wingerden est le bibliothécaire de l'IBTSC d'Amsterdam, un partenaire collaborateur de la faculté de religion et de théologie de la Vrije Universiteit à Amsterdam. Pieter est titulaire d'un master en langues et cultures grecques et latines, a servi avec sa femme Hanna-Ruth en Asie centrale de 2010 à 2014, et occupe son poste actuel depuis 2014. Durant son temps libre, il poursuit des études de doctorat à l'Université de Leiden. En tant que bibliothécaire, Pieter a pour mission de fournir à la communauté de chercheurs et d'étudiants chercheurs associés à l'IBTSC d'Amsterdam un accès (en ligne) aux ressources nécessaires.

Table des matières

ICETE

Global Hub for Evangelical Theological Education

Mission – L'ICETE fait progresser la qualité et la collaboration dans l'éducation théologique mondiale pour renforcer et accompagner l'Église dans sa mission.

Objectifs – En tant qu'hub mondial pour l'éducation théologique évangélique, l'ICETE est reconnue pour sa capacité à :

1. développer, diffuser, valider mutuellement, harmoniser et inspirer la qualité dans l'enseignement théologique, visant à favoriser la confiance réciproque entre les parties prenantes, y compris l'Église ;
2. cultiver des relations internationales, stimulées par des rassemblements, des échanges pour la réflexion, un dialogue interactif, une collaboration et une pratique soutenant la mission de l'Église ;
3. former, consulter et fournir des ressources aux personnes impliquées dans l'éducation théologique, marquées par la pertinence, l'accessibilité et l'efficacité collaborative.

La mission de l'ICETE met l'accent sur son double objectif de qualité *et* de collaboration avec ses membres, afin de renforcer et d'accompagner l'Église dans sa mission. L'aspect qualitatif de notre travail s'attaque au fossé entre l'Église et l'université en demandant aux institutions théologiques d'établir des partenariats stratégiques avec les Églises et les organisations ministérielles. L'assurance qualité de l'ICETE cherche à être un agent de changement dans les institutions théologiques et, par conséquent, dans la vie de la prochaine génération de leaders mondiaux.

Grâce à des collaborations, notre impact commence avec les enseignants en théologie et s'étend de manière exponentielle aux programmes de formation, aux étudiants, aux responsables d'églises et à la communauté au sens large, pour le bien de l'Église. Notre travail s'adresse aux formateurs en théologie de tous les secteurs qui préparent des milliers d'étudiants servant dans des centaines de ministères.

https://icete.info/

Langham
PARTNERSHIP

Langham Literature, et sa branche éditoriale, est un ministère de Langham Partnership.

Langham Partnership est un organisme chrétien international et interdénominationnel qui poursuit la vision reçue de Dieu par son fondateur, John Stott :

promouvoir la croissance de l'Église vers la maturité en Christ en relevant la qualité de la prédication et de l'enseignement de la Parole de Dieu.

Notre vision est de voir des églises équipées pour la mission, croissant en maturité en Christ, par le ministère de pasteurs et de responsables qui croient, qui enseignent et qui vivent la Parole de Dieu.

Notre mission est de renforcer le ministère de la Parole de Dieu de trois manières :
- par la mise en place de mouvements nationaux de formation à la prédication biblique ;
- par la rédaction et la distribution de livres évangéliques ;
- par la formation d'enseignants théologiques évangéliques qualifiés qui formeront ensuite des pasteurs et responsables d'églises dans leurs pays respectifs.

Notre ministère

Langham Preaching collabore avec des responsables nationaux en vue de la création de mouvements de prédication biblique dirigés par les nationaux eux-mêmes. Ces mouvements, qui naissent progressivement un peu partout dans le monde, rassemblent non seulement des pasteurs, mais aussi des laïcs. Nos équipes de formateurs venus de beaucoup de pays différents proposent une formation pratique qui comporte plusieurs niveaux, suivie d'une formation de facilitateurs locaux. La continuité est assurée par des groupes de prédicateurs locaux et par des réseaux régionaux et nationaux. Ainsi nous espérons bâtir des mouvements solides et dynamiques, constitués de prédicateurs entièrement consacrés à la prédication biblique.

Langham Literature fournit des livres évangéliques et des ressources électroniques par la publication et la distribution, par des subventions et des réductions à des leaders et futurs leaders, à des étudiants et bibliothèques de séminaires dans le monde majoritaire. Nous encourageons aussi la rédaction de livres évangéliques originaux dans de nombreuses langues nationales par le biais de bourses pour des écrivains, en soutenant des maisons d'édition évangéliques locales, et en investissant dans quelques projets majeurs comme *le Commentaire Biblique Contemporain*, qui est un commentaire de la Bible en un seul volume rédigé par des auteurs africains pour l'Afrique.

Langham Scholars soutient financièrement des doctorants évangéliques du monde majoritaire dans le but de les voir retourner dans leurs pays d'origine pour former des pasteurs et d'autres chrétiens nationaux en leur proposant un enseignement biblique et théologique solide. Cette branche de Langham cherche donc à équiper ceux qui en équiperont d'autres. Langham Scholars travaille aussi en partenariat avec des séminaires dans le monde majoritaire, afin de renforcer l'éducation théologique évangélique sur place. De ce fait, un nombre croissant de « Langham Scholars » (le nom « Scholars » signifie « boursiers »)́ peut aujourd'hui suivre des programmes doctoraux de haut niveau au cœur même du monde majoritaire. Une fois leurs études terminées, ces « Langham Scholars » vont non seulement former à leur tour une nouvelle génération de pasteurs, mais exercer une grande influence par leurs écrits et par leur leadership.

Pour plus d'informations, consultez notre site : langham.org.